HISPANIC TEXTS

general editor
Professor Catherine Davies
Department of Hispanic and Latin American Studies
University of Nottingham

series previously edited by
Professor Peter Beardsell, University of Hull
Emeritus Professor Herbert Ramsden

series advisers
Spanish literature: Professor Jeremy Lawrance
Department of Hispanic and Latin American Studies, University of Nottingham
US adviser: Professor Geoffrey Ribbans, Brown University, USA

Hispanic Texts provide important and attractive material in editions with an introduction, notes and vocabulary, and are suitable both for advanced study in schools, colleges and higher education and for use by the general reader. Continuing the tradition established by the previous *Spanish Texts*, the series combines a high standard of scholarship with practical linguistic assistance for English speakers. It aims to respond to recent changes in the kind of text selected for study, or chosen as background reading to support the acquisition of foreign languages, and places an emphasis on modern texts which not only deserve attention in their own right but contribute to a fuller understanding of the societies in which they were written. While many of these works are regarded as modern classics, others are included for their suitability as useful and enjoyable reading material, and may contain colloquial and journalistic as well as literary Spanish. The series will also give fuller representation to the increasing literary, political and economic importance of Latin America.

Huerto cerrado

MANCHESTER
1824

Manchester University Press

HISPANIC TEXTS

Alfredo Bryce Echenique

Huerto cerrado

edited with an introduction, critical analysis, notes and vocabulary by
David Wood

Manchester University Press
Manchester and New York
distributed exclusively in the USA by Palgrave

Published by Manchester University Press
Oxford Road, Manchester M13 9NR, UK
and Room 400, 175 Fifth Avenue, New York, NY 10010, USA
www.manchesteruniversitypress.co.uk

Distributed exclusively in the USA by
Palgrave, 175 Fifth Avenue, New York,
NY 10010, USA

Distributed exclusively in Canada by
UBC Press, University of British Columbia, 2029 West Mall,

Vancouver, BC, Canada V6T 1Z2
British Library Cataloguing-in-Publication Data
A catalogue record for this book is available from the British Library

Library of Congress Cataloging-in-Publication Data applied for

ISBN 978 0 7190 6413 5 *paperback*

First published 2007

16 15 14 13 12 11 10 09 08 07   10 9 8 7 6 5 4 3 2 1

Typeset in Adobe Garamond Pro
by Koinonia, Manchester
Printed in Great Britain
by Biddles Ltd, King's Lynn

For Marco, Lucía and Mariana

Contents

A note on this edition

Published in Havana, the first edition of *Huerto cerrado* is notoriously difficult to find. More readily available is the edition published in Barcelona by Plaza & Janés (1990), while collections of Bryce's stories published in Madrid by Alianza Editorial (1981) and Alfaguara (1995) also include the stories of *Huerto cerrado*. In the preparation of this work, these three editions have been closely compared and attention is drawn in footnotes to significant differences between them, and to reasons for choosing the version that appears here. In the footnotes, Alianza Editorial, Plaza & Janés and Alfaguara are abbreviated to AE, P&J and Alf respectively. In general terms, the Alianza Editorial (1981) and Plaza & Janés (1990) editions are very similar. The Plaza & Janés edition appears to draw on the Alianza edition, but a significant number of errors are introduced into the text, a few vocabulary items are changed to be more familiar to a Spanish readership, and several sentences are omitted, presumably as a result of oversight. Alfaguara's *Cuentos completos* (1995), with a prologue by Julio Ortega, an authority on the work of Bryce and a friend of the author, has the fewest errors and also benefits from a review of the use of punctuation in the stories. This present edition is closest to the Alfaguara edition, and on the whole follows its use of punctuation. Where it differs most markedly from the Alfaguara edition (and follows Alianza and Plaza & Janés) is in the distinctive presentation of foreign words in the narrative, as their presence is significant in terms of the protagonist's experience as not fitting in with those around him. **Emboldened text** in this edition is used to draw the reader's attention to endnotes.

Introduction

Huerto cerrado, a collection of short stories first published in 1968, is the first work of Alfredo Bryce Echenique (Lima, 1939) and marks the start of a prolific literary career that has spanned four decades and three continents. The stories, which chart the adolescence of a single protagonist – Manolo – in Lima, had been entered in the annual literary competition organised by the Cuban cultural institution Casa de las Américas and, although they did not win the prestigious prize, they merited a 'mención honrosa' and were published in Havana. As such, they constitute part of the Cuban Revolution's efforts to forge links with artists and intellectuals across Latin America as a response to hemispheric attempts to isolate the island, exemplified by the US trade embargo, introduced in October 1960, and Cuba's expulsion from the Organisation of American States in January 1962. Cuba was, above all, keen to promote works that complemented their programme of social reform and cultural independence and, as we shall see, the stories of *Huerto cerrado* lend themselves to such a reading to a degree.

Bryce's literary development

Having left Peru in 1964 in pursuit of his dream of studying literature (eventually completing a doctorate on French literature at the Sorbonne) and becoming a writer, Bryce originally wrote the stories of *Huerto cerrado* during the summer of 1965 in Perugia, Italy. However, the gap between writing and publication is accounted for in part by the fact that the stories were rewritten in Paris after the manuscript was stolen from a car the day Bryce returned to Paris (Bryce Echenique, 1993, pp. 330–35; de la Fuente, 1998, pp. 32–36). Another factor was that Bryce only submitted the stories to the Casa de las Américas competition on the recommendation of several Latin American authors based in Paris (César Calvo, Julio Ramón Ribeyro and Mario Vargas Llosa from Peru, and the Uruguayan short-story writer Mario Benedetti, a long-time supporter of the Cuban Revolution). The fact that Peru, France, Italy, Uruguay and Cuba all feature in the production of this collection of stories is indicative of the internationalisation of Latin American literature that accompanied the so-called 'Boom'. Bryce has subsequently emerged as one of the leading exponents of what is often referred to as the 'post-Boom' of Latin American literature, characterised by its emphasis on playfulness, its incorporation of youth and popular culture and its engagement with contemporary social issues. Most of Bryce's works have been published in Spain and translated into various European languages, and his status as an author of international standing is reflected in distinctions such as admission to the French *Ordre des Lettres et des Arts* (1995) and receipt of Spain's Premio Planeta in 2002 for his novel *El huerto de mi amada*. At the same time, however, other works have been published in Lima, and he is recognised in his native Peru as one of the country's outstanding authors of the twentieth century, winning the 1972 Premio Nacional de Literatura for the novel *Un mundo para Julius*, and awarded the title of *Doctor Honoris Causa* by Lima's Universidad Nacional Mayor San Marcos in 1999.

Europe and Peru also dominate Bryce's literature in terms of theme and setting: some works, such as *Un mundo para Julius* and *No me esperen en abril*, focus on the social and political reality of Lima, and others, such as *La vida exagerada de Felipe Carrillo*, on the exploration of issues of alienation and identity for Latin Americans in Europe. Still others, such as *La última mudanza de Felipe Carrillo* see the protagonist move between Europe and Peru in an attempt to find a place and a meaning for himself. While it would be simplistic to see Bryce's literary production as mere autobiography, the author's life in Paris, Montpellier, Madrid and Barcelona (1964–99), Lima (1999–2002), and, most recently, time spent between Lima and Barcelona, is reflected in his work, and the tensions that arise in subsequent publications as the result of contrasting European and Latin American experiences are present here in *Huerto cerrado*. The writing of the stories in an unfamiliar environment, remote from the society in which the protagonist's adolescence is examined, may go some way to explaining the predominant sense of alienation which emerges from a reading of them. Bryce has repeatedly spoken of 'la marginalidad en que he vivido siempre en Europa' (Ortega, 1994, p. 62), and this sense of marginalisation finds expression as a constant theme throughout his narrative production, including the stories of this collection, which see Bryce's first attempts to come to terms with such issues through literary creation.

As a child in a family that enjoyed a privileged socio-economic position (his great-grandfather had been President of Peru from 1851 to 1855), Bryce's schooling was in English and he became familiar with many British and US authors, while his mother's literary preferences also gave him an excellent grounding in French literature, especially nineteenth-century novelists such as Proust and Stendhal. For Bryce, the act of writing also signifies the need to resolve the tensions between these international literary influences, dominated by the figure of Ernest Hemingway, on whom Bryce wrote his undergraduate dissertation (Bryce Echenique, 1963), and his own voice as an author born in Peru. As the author himself has recognised, the production of the stories of *Huerto cerrado* gives rise to a profound change in Bryce's perception of himself as a writer, enabling him to become 'autónomo, independiente: comencé a ser Alfredo Bryce' (Wood, 1999).

Bryce's reputation in Latin America, Europe and the United States can be attributed to the creation of characters whose essential humanity is conveyed by means of an informal narrative style, the cultivation of various forms of writing and an ability to connect with universal concerns and experiences from a perspective grounded in Peru. While Bryce has contributed hundreds of articles to newspapers and magazines in Spain and Latin America, typically reflections on personal experiences and cultural affairs, and has published four collections of short stories and three volumes of memoirs, he is best known as the author of the novels *Un mundo para Julius* (1970), *La vida exagerada de Martín Romaña* (1981), *No me esperen en abril* (1995) and *El huerto de mi amada* (2002). What such works have in common at the level of theme is a foregrounding of human relationships (be these in the form of friendship, familial love or sexual relations) and the problems in realising these in the face of external pressures such as paternal disapproval and socio-political obstacles. From the point of view of style, they are characterised by their orality and their often colloquial expression, through which the narrator draws the reader into a position of confidence and creates a web of relationships between the narrator, the reader and the characters. As we shall see, all of these features are present in this collection of stories.

The early years of Bryce's literary production reveal a clear pattern in which the publication of a collection of short stories is followed by a novel that develops themes and stylistic features found in the shorter fiction. In this regard, *Huerto cerrado* offers an important insight not only into the genesis of Bryce's literary career in general, but in particular to the writing of *Un mundo para Julius*, one of the most acclaimed Latin American novels of its period. It is interesting to note that the novel arose from a short story begun shortly after the writing of 'Con Jimmy, en Paracas', and that the pleasure of writing and the development of characters and story alike led 'ese cuento, que no debió pasar las diez páginas' to become a novel that exceeds 500 pages (Bryce Echenique, 1985, p. 67; Ferreira and Márquez, 1994, p. 28). It is no surprise, then, to find significant continuities between the short stories of *Huerto cerrado* and the lengthy novel that is *Un mundo para Julius*, and attention is drawn to such continuities when Manolo, the central protagonist of *Huerto cerrado*, appears with his girlfriend Cecilia in the Country Club in the course of *Un mundo para Julius*. Both works are set largely in the Lima district of San Isidro and juxtapose perspectives of childhood/adolescence (the characters) and adulthood (the narrator and assumed reader) to explore the fabric of Peruvian society.

The Peru of *Huerto cerrado*

If Bryce's first two works share certain themes and a physical space, they also share temporal references to a large degree, portraying Peruvian society during the 1960s in the years before a left-wing military coup that was to change dramatically many of the traditional characteristics of social, political and economic structures. Manolo's teacher in 'Un amigo de cuarenta y cuatro años' had been a young pilot in the RAF during the Second World War, placing the events of this story, in which Manolo is fifteen, in the early 1960s. This was a decade of transition in the context of twentieth-century Peru, marking a move away from conservative military and civilian regimes that favoured the interests of the old export oligarchy, as had been the case under Presidents General Manuel Odría (1948–56) and Manuel Prado (1956–62). By the end of the 1960s, mirroring developments elsewhere in the continent, a left-wing regime came to power: the *Gobierno Revolucionario de las Fuerzas Armadas* (1968–78) oversaw the decline of the traditional oligarchy, undertook agrarian reform and sought to enfranchise previously marginalised sectors of society, recognising Quechua (then spoken by some 3 million indigenous Peruvians) as a co-official language alongside Spanish.

The period in which the stories are set (and were written) falls largely under the government of Fernando Belaúnde Terry (1963–68), who undertook a programme of public works in the provinces in an attempt to redress the historical imbalance that saw an extremely high degree of centralisation of resources in Lima, a trend set in motion by the founding of the city by the Spanish in 1535, and its role as the seat of colonial rule in Spanish South America until 1821. It could also be argued that the efforts to improve conditions in the provinces were an attempt to slow the flow of migrants from the provinces to Lima, a process that had assumed mass proportions by the 1960s.[1] Mass migration brought about the rapid expansion of Lima, especially of the shantytowns in the semi-desert on the periphery of the city, and a significantly increased presence of Peruvians of Andean descent in what had traditionally been known as 'the city of the kings', the home of what might broadly be described as a European-based culture. This challenge to elite culture was also reflected in the political process, with voters in the 1963 elections numbering 1.5 million (up from 300,000 in 1931), and Belaúnde, the winner of those elections, offering limited land reform in recognition of the needs of this new and important constituency.[2] For many, however, the pace of change achieved via the ballot box was too slow, and the Cuban Revolution of 1959 provided inspiration (and support) for guerrilla movements in many countries of Latin America. Another manifestation of the desire for change in Peru at this time was the emergence of guerrilla *focos* in the Department of Cuzco in the southern Andes, founded by radical activists who splintered from some of the major political parties, frustrated by the cynicism of alliances between them. While it is difficult to see *Huerto cerrado* as a call to arms in support of such movements, underlying issues such as the correlation between social position and ethnic origin, the conventional importance attached to external appearances that aspire to Western models, and an awareness and challenging of machismo all feature throughout the stories.

The literary context

That literature should have a correspondence with the society it portrays and engage with contemporary topics is, of course, not unusual, but Peru has enjoyed a particularly strong tradition in this regard. Distinguished Peruvian critic Antonio Cornejo Polar suggested that 'la revelación y crítica de la realidad del país ha sido y sigue siendo una tenaz obsesión

[1] According to official censuses, the population of Peru grew from 6.2 million in 1940 to 13.5 million in 1972, while over the same period the population of Lima grew from 562,900 to 3 million.
[2] Another dimension of the changing power relations, also explored in the stories, is the position of women in Peruvian society. Women were able to vote for the first time in the presidential elections of 1956.

de la narrativa peruana desde, por lo menos, el siglo pasado [diecinueve]' (Cornejo Polar, 1998, p. 27). The major movement to fulfil this role has been *indigenismo*, a literary, artistic and political school of thought and representation that emerged in the early twentieth century to champion the position and values of Peru's indigenous population in the wake of what was seen as the white elite's failure to defend 'their' country against Chile in the War of the Pacific (1879–83). Great *indigenista* authors, such as José María Arguedas and Ciro Alegría, set their works in Andean communities in which the indigenous population struggled to survive in the face of ruthless white *hacienda* owners who often enjoyed the support of the Church, the law and the army to ensure that their abuses went unchallenged. Efraín Kristal suggests that one of the functions of *indigenista* literature was to familiarise the Peruvian reading public, which was largely white and based in Lima, with the living conditions and cultural practices of a sector of the population that was otherwise unknown to them (Kristal, 1988). As mass migration brought ever increasing numbers of Andean Peruvians to Lima and other cities of the coastal strip, there was no need for literature to serve as a point of mediation between Peru's indigenous and white populations. Moreover, *indigenismo* had largely been assimilated by various political parties over the first half of the twentieth century, and by the 1950s it was becoming less influential as a literary and political force.

What replaced concern for the lot of the indigenous Andean *campesino* in many ways was a new focus on the inhabitants of the shantytowns that sprang up around the coastal cities from the 1950s, inhabited largely by the same sectors of society that had featured in the *indigenista* novels. The literary trend that dominates narrative production in the 1950s and 1960s is the so-called *generación del 50*, who typically based their stories and novels not in the Andes, but in the shantytowns and lower-middle-class neighbourhoods of Lima. This is also in keeping with the situation at a continental level, as the Latin American regional novel gave way to a literature that explored the human condition in a setting that was often urban, a combination that gave rise to some of the landmark novels of the Boom. In the case of Peru, it is worth noting that authors writing about indigenous Andean communities and coastal shantytowns alike were overwhelmingly white, middle-class males from Lima, effectively writing on behalf of subordinate sectors of society rather than from within them.[3]

---

[3] Exceptions to this generalisation include José María Arguedas, born in the high Andes and a Quechua speaker from early childhood, experiences that significantly

This tension is apparent in Sebastián Salazar Bondy's 1964 essay *Lima la horrible*, which charts the transformation of the capital from genteel seat of colonial government to recipient of hundreds of thousands of migrants marked by ethnic, social and cultural difference.

With the publication of *Huerto cerrado*, Bryce marks a new direction in Peruvian narrative. By setting the stories against backdrops such as the comfortable district of San Isidro and the exclusive resort of Paracas, Bryce opens the door to the literary exploration of another world, another set of social conventions and expectations. In contrast with the overwhelming majority of *indigenista* writers and those portraying the life of Lima's lower classes, Bryce writes from first-hand experience, offering a unique insight into a sector of society whose position was coming under sustained challenge, arguably for the first time since Independence, or even since the time of the Conquest in the early sixteenth century. While many authors in Peru continue to explore to good effect the themes of Andean culture and the life of Lima's underprivileged classes, or the coming together of the two, Bryce thus opened a new literary space, subsequently occupied by other authors who offer further representations of the world of Lima's elite. In the 1990s, figures such as Jaime Bayly and Abelardo Sánchez León have emerged as leading figures in this new literary space with works such as *No se lo digas a nadie* (1994) and *La soledad del nadador* (1996) respectively.

As is the case with many of Latin America's best-known authors, Bryce has cultivated several literary genres, as already mentioned, although few can match his breadth of production across forms such as the short story, novella, novel, memoir, chronicle and literary criticism, not to mention essays and journalistic articles. The relationship between journalism and the novel is well documented in writers such as García Márquez and given thorough treatment in Aníbal González's study *Journalism and the Development of the Spanish-American Narrative* (1993), but in the context of *Huerto cerrado* it is more appropriate to consider briefly the short-story tradition in Latin America, and the relationship between this form and the novel.

The tradition of storytelling goes back millennia, but as a literary genre the short story as we know it today has a recent history in comparison with those of drama and poetry in particular, and was developed during the mid-nineteenth century in Europe and the United States by figures

inform his 1958 masterpiece *Los ríos profundos*, and Cronwell Jara, a first-generation migrant to Lima and author of *Patíbulo para un caballo*, a novel from 1989 that charts the founding of a Lima shantytown.

such as Edgar Allan Poe, Guy de Maupassant and Anton Chekhov. The tendency of short stories to surprise and entertain meant that they were not considered serious literature until the twentieth century, and the term did not enter the *Oxford English Dictionary* until 1933, thereby gaining formal acceptance into the English language. One of the characteristics of the short story that led to it being seen in a less favourable light than the novel or drama was that its brevity meant that it was unable to explore fully the complexity of human experience or the dynamics of social relations. By contrast with longer forms of fictional writing, the short story typically focuses on one crucial event, on a reduced number of characters in a single time and a single setting. However, this concentration allows for an intensity of emotion that a novel cannot sustain and for a satisfaction of wholeness and completion at a single sitting that is difficult to experience with a novel (Reid, 1977; Allen, 1981). A variation on the short story of particular relevance to *Huerto cerrado* is the short-story cycle, a collection in which the stories may be linked internally, as successive developments modify what has taken place in previous stories. The use of Manolo as protagonist throughout the stories, and the tracing of his changing attitudes toward certain social issues is an obvious way in which *Huerto cerrado* conforms to this pattern, and these features will be considered in due course. External framing is another means of creating a common point of reference for the stories of a collection, and here 'Dos indios', the opening story, sees Manolo decide to undertake a return journey to Peru in order to recuperate his memories and experiences of childhood and adolescence, which are the subject of the subsequent stories. A short-story cycle avoids the need for continuous structure and sequence typical of a novel, focusing instead on key moments, whose significance may be apparent to the character(s), or to the reader alone. It also offers a superficial appearance of community and unity that may, in fact, highlight underlying ruptures and discontinuities. This potential match between form and content must be borne in mind when reading this collection.

Leo Pollmann suggests that the Latin American short story took shape around 1880 with the *tradiciones* of Bryce's compatriot Ricardo Palma (Pollmann, 1982, p. 209). If the short story in the sub-continent borrowed heavily from Europe and North America in terms of structure and style, there were also some significant differences. The edicts from 1531 prohibiting publication of novels in the Spanish colonies, because of the risk they were seen to pose to morality, meant that the history of the

Latin American novel begins only with Independence and the publication in Mexico of José Fernández de Lizardi's picaresque work *El periquillo sarniento* (1816). This in turn has meant that, in relation to the novel, short fiction has not suffered from an 'inferiority complex' to the same degree as in Europe and North America, especially as Latin American intellectuals sought to establish their independence from colonial models. The close links with the oral storytelling tradition and the lack of an established prose narrative tradition combined to make the short story an ideal vehicle for the introduction of local forms of expression and experiences particular to different areas of Latin America, contributing toward the development of a distinctive short-story tradition. For Pollmann, there is a fundamental relationship between the short story and the novel in Latin America: the region may best be known as the source of magical realism and a series of internationally renowned novels, such as *Cien años de soledad* (1967) and *La ciudad y los perros* (1963), but the way for these was paved by the short fiction of the celebrated Argentinean author Jorge Luis Borges, who never published a novel. Pollmann sees this relationship in the following terms:

> El cuento hace la avanzada de la novela, es un probar un nuevo terreno y un nuevo lenguaje. Gracias a la estructura del cuento puede esta prueba, como lo ilustra el caso de Borges, convertirse en una obra maestra literaria y ser consciente de su autonomía. (Pollmann, 1982, p. 212).

While such a theory may not fit every case, there is a very strong resonance here with *Huerto cerrado*, both in terms of Bryce's recognition of the work's importance in making him 'autónomo, independiente' and of the relationship between '**Con Jimmy, en Paracas**', the last of the stories of this collection to be written, and 'Las inquietudes de Julius', the story that became the acclaimed novel *Un mundo para Julius* (Wood, 1999).

To conclude these brief reflections on the position of *Huerto cerrado* in relation to Peruvian and Latin American literature, David Lagmanovich proposes five main tendencies in the modern Spanish-American short story that may help further to contextualise Bryce's work: 1) the plot line, which had previously been single, can be split or fragmented; 2) ambiguity (to be resolved by the reader) replaces realist 'transparency' in the narration of events; 3) there is a move away from exceptional characters in favour of everyday protagonists, who can come to represent the lives of many, often with a clear ideological or political function; 4) surprise endings are rejected in favour of open endings that require an engaged reader to interpret the story (Julio Cortázar referred to a 'lector cómplice'); 5) flashback is used to interrupt chronological flow, and to broaden the perspective by placing the actions of the story in a social context (Lagmanovich, 1989).

As we shall see, many of these features are present in the stories of *Huerto cerrado*, locating Bryce in a rich tradition of Peruvian and Latin American short-story writers who not only have produced some outstanding examples of this genre, but also have converted their creative experimentation in the short story into some of the outstanding novels of contemporary world literature.

Critical visions of the collection

As is the case with many authors, Bryce's short stories have been the subject of little critical attention, as the majority of critics have tended to focus on his prize-winning novels. As already mentioned, short stories often serve as a literary form that allows an author to develop themes and styles which can be further developed in subsequent writing. This study of the stories of *Huerto cerrado* provides an overdue analysis of a valuable work in the context of Peruvian and Latin American letters, a reflection of the changes taking place in contemporary society, and a significant insight into the development of Bryce in his later works. Moreover, as *Huerto cerrado* was the author's first publication, it also provides us with a view of the origins of settings, character types and narrative strategies that were to become Bryce's hallmark.

Despite its success in Havana in 1968, the publication of *Huerto cerrado* passed virtually unnoticed, and what little critical comment appeared, primarily in the cultural pages of Lima's newspapers, was largely limited to a summary of some of the stories. The authors of these articles, some of Peru's foremost literary critics, also commented on dominant themes, which were identified as the problems of human relationships between individuals and between different social classes. They also brought to the reader's attention the use of gentle humour and the colloquial style of the narrative. In the decades since publication, critical study of this collection has been minimal: in her article, Gabriela Mora stresses the continuities of the stories, which mean that the work 'se acerca al género novelesco por el desarrollo extenso de la historia de un personaje y las notas sobre el ambiente social que lo rodea' (Mora, 1992, p. 320). She sees the primary function of this community of stories as being a backdrop that allows the author to portray Manolo's progressive alienation. Valerie Hegstrom

10

Oakey develops this idea, placing the collection in the tradition of the *Bildungsroman*, the novel of education and initiation, although she notes that the protagonist's loss of innocence is not accompanied by the integration into society typical of this type of work (Hegstrom Oakey, 1994). The two other significant contributions to an understanding of this work are those of César Ferreira and José Luis de la Fuente, the leading scholars of Bryce in the United States and Spain respectively (Ferreira, 1994; de la Fuente, 1998). Both critics offer details of the genesis of *Huerto cerrado*, and coincide in seeing Ernest Hemingway and Julio Cortázar as fundamental influences: if Hemingway's Nick Adams stories offer an initial source of literary inspiration for Bryce, it is the freedom of Cortázar's narrative style that Bryce draws upon as a key element in his self-discovery. The development of a narrative voice that the author considers his own, achieved above all in the writing of '**Con Jimmy, en Paracas**', is another of the features of *Huerto cerrado* that lends the collection greater importance than has to date been recognised. As we shall see, the stories are significant not only in terms of what they contribute to Peruvian and Latin American narrative, and to an appreciation of the development of Bryce as an author of international repute, but also in their own right as short stories that explore aspects of the human condition.

The stories

With the exception of '**Dos indios**', the first story of the collection, the reader follows Manolo from the age of thirteen to eighteen, with each episode chronologically following on from the last. Manolo's age and identity are mentioned in each story, ensuring that the collection can be read as a cycle that charts his formative years through adolescence into adulthood. Besides sharing the protagonist, the stories also have a common setting (middle-class Lima) and a common theme (Manolo's increasing alienation from society, his ideals in general and the people to whom he feels emotionally attached in particular), all of which serves to give the work the feel of a novel, with each story representing a new chapter in Manolo's social and emotional development. As can be the case with a short-story cycle, the integrative structure of the collection and the sense of community achieved at one level highlight the underlying mental breakdown and social alienation experienced by the protagonist on another.

'**Dos indios**' stands apart from the sequence followed by the rest of the stories, and serves as a framework for the stories that comprise the rest of the collection and a constant point of reference for Manolo's previous teenage experiences. As well as standing apart in terms of chronology and setting (Rome, rather than Lima), this story also differs from the others in its narrative voice, which is in the first person but belongs to an external observer (as befits a tourist in a foreign land) who does not share the proximity to Manolo which typifies the narrative voice of the other stories. The unnamed narrator of **'Dos indios'** presents the reader with Manolo at the age of twenty-two as a character who finds himself isolated, physically and emotionally, in Peru and Europe alike. This narrator presents events from a dual temporal perspective, with remembered words or thoughts contemporary with the events narrated embedded in the adult perspective by means of speech marks. The use of this device is apparent in the following example, in which Manolo tries desperately to recall a crucial event from his early childhood: 'Volteó para mirarme y noté que tenía los ojos llenos de lágrimas. «Le está dando la llorona. Me fregué.»' (54) A pattern becomes established whereby remembered thoughts thus embedded (corresponding to an adolescent narrator) come to express the *criollismo* typical of the male section of Lima's middle-class population, typified by its one-upmanship through mockery, its avoidance of emotional expression and its treatment of women as sexual objects. That these thoughts are highlighted in the narrative suggests that they are not in keeping with the general narrative perspective, and the technique serves to mark a distance between the attitudes that dominate Lima's society and those of the author and protagonist.

When Manolo does finally gain access to his memories and the world of childhood, while at the same time overcoming his customary problems of communication (achieved only with the help of several litres of wine), speech marks are used with a similar purpose in the reporting of Manolo's remembrances:

Pero ¿los dos indios? ... No, no eran albañiles ... Recuerdo hasta los nombres de los albañiles ... Sí: el Peta; Guardacaballo; Blanquillo, que era hincha de la «U»; el maestro Honores, era buena gente, pero con él no se podía bromear ... Los dos indios ... ¡Ya me acuerdo! Pasaban el día encerrados, y cuando salían, era para que los albañiles los batieran: «chutos», «serruchos», les decían. Pobres indios ... (57)

In this passage the protagonist's identification with the abused Indians signals a tendency to identify with the downtrodden and marginalised which remains a constant throughout this collection, and indeed throughout Bryce's oeuvre. This identification with the Indians is accompanied by a simultaneous distancing from the attitudes of the 'albañiles', communicated stylistically by the placing of the two terms of insult in speech marks, thereby isolating them from the rest of the passage and from Manolo's perspective. However, the fact that such views dominate Lima's society means that in the final analysis Manolo comes to experience a condition that is as marginalised and alienated as that of the Indians. This much is apparent when the narrator offers a physical description of the protagonist that is less than flattering: he is skinny, has disproportionately long legs, self-consciously hides his 'manos de artista' (49) and looks silly when he laughs. In terms of his social relations, his love life has been on hold for the four years he has spent in Europe and his friends treat him in a paternalistic manner by slapping him on the back, all of which leads the narrator to sum up that 'Entre el criollismo limeño, hubiera pasado por un cojudote' (49). It is significant too that Manolo's memories in the above passage are related in the breathless, short phrases of childhood, when he was able to communicate freely without the constraints of social convention. This section of text, then, marks a return to a childhood in which expression could take place, while the story acts as a framework through which the world of childhood and adolescence will be revisited as a process of *Bildung* against the background of social forces such as *criollismo* and machismo.

The reasons for Manolo's decision to return to Lima at the end of the story are unclear: the narrator fell asleep as Manolo talked into the small hours, finally finding expression and coming to terms with the memory of his experiences as a ten-year-old boy. As is indicated by the title, the key memory relates to the two Indians, presumably first-generation migrants from the Andes, who spent their days shut away on a building site, their physical exclusion from Lima mirrored by the social rejection implicit in the workers' insults. Just before falling asleep, the narrator thinks he remembers Manolo saying that they were waiting for him, and the return to Lima would appear to be an opportunity for the adult Manolo to discover the place in Peru's society occupied by the Indians and, more widely, to understand Peru's complex social relations and the marginal condition experienced by many, including himself.

'Con Jimmy, en Paracas' is the first of the sequence of stories which are set in Peru and follow in chronological order, but it was written at least two years after the rest of the stories and inserted at the expense of two others. It holds a position of special significance, not only because it appeared in two literary journals in 1967, thus constituting Bryce's first publication, but also because it is widely held to be the first story in which the author broke free from the influence of figures such as Hemingway to find a narrative voice that would be recognised as his own (Bryce Echenique, 1993, p. 331). It is entirely consistent that work for 'Las inquietudes de Julius', the short story that was to become *Un mundo para Julius*, should have started within days of the writing of **'Con Jimmy, en Paracas'** (Wood, 1999), for it is widely held that Bryce discovers his narrative voice in his first novel, although key features of it may be found here. In this short story a thirteen-year-old Manolo accompanies his father on a business trip to the luxury resort of Paracas, where they encounter Jimmy, one of Manolo's classmates and the wealthy son of one of the directors of the company for which Manolo's father works as a salesman.

This story also sees a change in the narrative voice which, while remaining in the first person, is not that of **'Dos indios'**: instead, the reader is immediately introduced to a constant switching between the perspectives of an adult Manolo who remembers the events of years gone by and the Manolo of thirteen who is the protagonist of the story. These changes in perspective allow the reader to appreciate how Manolo's views have changed over time and are thus crucial to the effective functioning of the story at the level of content. The temporal shifts are made evident through vocabulary and syntax, with the childhood perspective typified by its use of present tenses, nouns which focus on the physical and external, and hyperbole in augmentatives and diminutives, while the adult perspective characteristically uses more complex verb tenses and describes notions that are both abstract and internal. These differences serve as shorthand to convey the priorities of the two narrators: Manolo the teenager is preoccupied with external appearances and the manifestations of material wealth that mark class divisions, but Manolo the adult has come to realise the superficial nature of the external, and values instead the internal world of emotions with which he is to struggle in many of the subsequent stories. The difference between Manolo's attitudes as child and adult is made explicit as Manolo remembers the drive to Paracas with his father: 'Ya aprendí que mi padre no es un hombre alto, sino más bien bajo. Es bajo y muy flaco. Bajo, calvo y flaco, pero yo entonces tal vez no lo veía aún así, ahora ya sé que sólo es el hombre más bueno de la tierra' (61).

The presentation of the narrative from different perspectives is one of the characteristics of Bryce's narrative and was identified by Bryce in his undergraduate dissertation as one of the features of Hemingway, whose work he sees as typified by 'ingenuidad en el lenguaje, que a menudo pasa al coloquialismo del personaje del cual se está tratando' (Bryce Echenique, 1963, p. 2). These observations raise several important points that can be applied across the stories of this collection and more widely: the use of a first-person narrator and of a variety of narrative perspectives is an implicit rejection of a unitary vision and allows the author to express different forms of authority. It is at the same time a recognition of the validity of individual responses and interpretations. This point makes a direct connection with comments above regarding the community/fragmentation of the short-story cycle as a literary form. The use of colloquial language, in Hemingway's Nick Adams stories as in *Huerto cerrado*, is part of a strategy to recreate the world of adolescence in a manner that is convincing, thereby aiding the reader's engagement with the characters and the themes that are being presented. Finally, by handing over control of the narrative to the characters, the narrator effectively endorses their views and encourages the reader to treat them sympathetically. What is being described here is free indirect discourse, used extensively by Bryce in *Un mundo para Julius* and subsequent publications, but used rather more sparingly in the stories of this collection. In **'Con Jimmy, en Paracas'** it would appear that Bryce's use of the technique is inconsistent with the manner in which characters are portrayed at a thematic level. For example, a desire to reduce the distance between the narrator and Jimmy would seem unlikely, as we shall see, yet that is the potential effect when his words are briefly incorporated into the narrative without any form of narratorial intervention: 'Jimmy me mostró el lugar en que había estrellado su carro, carro de mierda ese, dijo, no servía para nada' (67). While Bryce is clearly aware of the potential of the techniques he is using, he is apparently unsure exactly how they can effectively be employed, all of which is very much in keeping with the author's assessment of the work as 'un libro de transición' (Wood, 1999).

Physical appearance plays a significant role in forming our impressions of Jimmy, whose blue eyes, curly blond hair and bronzed skin immediately place him amid the ranks of Peru's exclusive elite of oligarchs of European descent. Manolo's father, as we have seen, is described as 'bajo, calvo y flaco', and as Jimmy joins them in the restaurant clothing offers another point of comparison: 'parecía toda de seda, y la camisa de mi padre empezó a envejecer lastimosamente, ni su saco norteamericano le iba a durar toda la vida' (65). These contrasts draw on external points of reference that are in keeping with the adolescent Manolo's view of the world, and also serve to demarcate clear differences in social and economic class. At the same time, however, such descriptions offer a comparison with the 'dos indios' of the first story: 'Tenían la ropa vieja y sucia, unas uñas que parecían de cemento, y unas manos que parecían de madera' (57). If the indigenous population that had undertaken mass migration to the coastal cities of Peru can thus be easily distinguished from the middle class and the oligarchy, the question that lies implicit in the adult Manolo's rejection of the external and material in favour of the internal and the realm of the emotions is how the mass migrants of indigenous descent should be considered in relation to the more privileged sectors of Lima's society. Manolo's teenage acceptance of the established social hierarchy, based largely on external appearance and placing the white elite at the top of the social ladder with those of indigenous descent at the bottom, comes to the fore as he fears that Jimmy will make fun of his father's old Pontiac. However, the narrator of the story, an adult Manolo who remembers events with the benefit of hindsight, has re-evaluated his position and is prepared to challenge convention to affirm universal human values: 'Jimmy no me preguntó cuál era mi carro. No tuve por qué decirle que el Pontiac ese negro, el único que había ahí, era el carro de mi padre. Ahora sí se lo diría y luego, cuando se riera sarcásticamente le escupiría en la cara' (66).

Another dimension to the questioning of Peru's rigid social hierarchy comes in the presentation of the world of the elite in which Jimmy lives, a world that prefigures that of Julius in Bryce's first novel. Jimmy's physical appearance, which immediately sets him apart from other sectors of society, especially the indigenous population, is the result of colonial influences, and his experiences revolve around other imported goods: he drinks whisky or Coca-Cola and smokes Chesterfield cigarettes (by contrast, Manolo and the 'indios' share 'cancha', fried maize that has been produced in Peru for thousands of years). The world of material wealth inhabited by Jimmy is that to which many aspire, and indeed Manolo's father sends his sons to an English school so that they may have access to this world, and avoid the marginalisation he suffers as a monolingual Spanish speaker, symbolised by his ignorance of the meaning of *bungalow*. However, Jimmy's behaviour leads us to question the assumed superiority of this way of life: at thirteen Jimmy is a dangerous driver who can get away with it because his family's position in local society puts him above the law; and his sexual precocity leads him to transgress the contemporary taboos of incest and homosexual relations, first pinching his cousin's bottom and then making advances on Manolo. By comparison, Manolo's innocence is symbolised by his lack of comprehension at Jimmy's questions about the condition of his genitals and his scanning of the sea for the sharks that his father has invented to keep him out of the water.

Jimmy's position in society means that even as a thirteen-year-old he is always in control of the situation, be it in the restaurant, with Manolo, or with Manolo's father. By contrast, Manolo's father emerges as a figure whose actions are determined by others: as well as agreeing to whatever Jimmy wants, he is a model employee, who follows the company's instructions to the letter, he drives according to his wife's wishes, and even washes his hands before lunch as the receptionist suggests to him. This position of subordination is characterised by a single gesture that is revealed as he proudly shows Manolo photos of a company reception in which 'un jefe acababa de palmearle la espalda y otro estaba a punto de palmeársela' (61–2). In this gesture the potential of the short-story cycle for comparison and development emerges forcefully: the narrator in 'Dos indios' had described Manolo as 'Una espalda para ser palmeada' (59), and the suggestion is that Manolo's English education has not given him access to the world of the elite. Instead, he has inherited his father's social condition, and it would appear that the divisions which mark Peru's social hierarchy are not so easily broken down or crossed, a fact highlighted at the end of the story by the manner in which the company director 'don Jaime' addresses Manolo's father as 'Juanito' (68), the diminutive successfully conflating social and physical dimensions.

'El camino es así (con las piernas, pero también con la imaginación)', which follows on chronologically from 'Con Jimmy, en Paracas', was to have given the collection its title, until Bryce was persuaded otherwise by his compatriots Julio Ramón Ribeyro and Mario Vargas Llosa. Ribeyro, a renowned short story writer and close friend of Bryce, felt that the collection's sense of an atmosphere from which there was no escape made *Huerto cerrado*, taken from the Song of Songs, a fitting title (Bryce Echenique, 1993, p. 331; de la Fuente, 1998, p. 35). Subsequent comments on the reason for this change reveal that *Huerto cerrado* was written with a social message in mind: 'Quería dar un mensaje a la humanidad, me imagino, porque todos los escritores cuando jóvenes creo que tenemos algo de carteros, por eso de dar mensajes' (Bryce Echenique, 1985, p. 66; Ferreira and Márquez, 1994, p. 27). Despite Bryce's mocking of himself and the social function of literature, this story can be seen to occupy a position of singular importance, encapsulating to some degree the 'message' of the collection as a whole.

The story relates a school excursion on which Manolo and his classmates cycle to Chaclacayo, a small town 30 kilometres inland from Lima at an altitude of 660 metres on the *carretera central* that leads up from the coast to the high Andes. Here we find the narrative voice which dominates the remainder of the collection, typified by a third-person narrative presenting events from the dual perspectives of Manolo as a teenager and as an adult (as in **'Con Jimmy, en Paracas'**), with remembered thoughts placed in speech marks (as in **'Dos indios'**) and the sporadic use of narrative strategies that establish complicity between narrator and reader. The adult narrator is never explicitly identified as Manolo, but his presence as first-person narrator of the preceding story and the overwhelming portrayal of events from the protagonist's perspective suggest that such a conclusion is valid. These main features of the narrative are present from the outset, as may be appreciated in the following extract from the opening paragraphs:

> Miércoles. «Mañana se cierran las inscripciones.» El amigo con permiso empieza a inquietarse por el amigo sin permiso. Era uno de esos momentos en que se escapan los pequeños secretos: «mi madre dice que ella va a hablar con mi papá, pero ella también le tiene miedo. Si mi papá está de buen humor … Todo depende del humor de mi papá». (Es preciso ampliar, e imaginarse toda una educación que dependa «del humor de papá».) El enemigo con permiso empieza a mirar burlonamente al enemigo sin permiso: «Yo iré. Él no.» (70)

In addition to marking the difference in perspectives of person and time, the use of speech marks in this story heightens the immediacy with which the reader experiences the excitement of the schoolchildren, and combines with the use of exaggeration (as in **'Con Jimmy, en Paracas'**) to offer a more convincing portrayal of the world of adolescence. Another strategy used to convey the boys' excitement is the use of short sentences and the present tense: 'Viernes en el colegio. Este viernes se llama vísperas. Imposible dictar clase en esa clase' (72). Also of note in the above passage are the narrator's words in parentheses, addressed to the reader, thus establishing a tentative bond between narrator and reader, seeking to persuade the latter of the former's view. The content of the phrase that is highlighted in this way draws attention to the patriarchal and arbitrary nature of the relations by which contemporary society was governed, again inviting the reader to consider such issues. This device clearly has considerable potential in terms both of drawing the reader into the story and of highlighting topics for reflection, but its infrequent use, here and throughout the course of the collection, means that this potential is not fully realised, and the relationship between narrator and reader remains a tenuous one compared to subsequent works, in which such devices are used with far greater regularity.

Once the excursion is under way, Manolo is soon left behind by the rest of the class, and told to return home by the teacher who is leading the trip. However, Manolo decides that he will reach Chaclacayo come what may, and in the course of his journey alone he suffers several falls. Despite these setbacks, and a gashed knee, he overcomes his physical weakness and reaches Chaclacayo at dusk, but there is no great sense of satisfaction at his achievement. Instead, the overriding sense is an awareness that '«no soy el mismo de hace unas horas»' (78), and he is worried that his classmates will learn of his difficulties in completing the journey, on which he 'Avanzaba lentamente y en subida; avanzaba contando cada bache que veía sobre la pista' (75–6). As the subtitle and Bryce's comments on it make explicit, the physical experience here is a metaphor for the mind and for life, and what emerges is an image of life as an uphill struggle, full of pitfalls, that is to be endured in a state of isolation.

It is again the presentation of the narrative from dual temporal perspectives that allows for reflection, as the adult Manolo elaborates on the experience and informs the reader of the significance of the episode. There is a clear division of the story into a section narrated in the present, which corresponds to the thirteen-year-old Manolo's experience, characterised by excitement, and a section narrated by an adult Manolo in the past. This division is pointed up by a gap on the page and begins 'Una semana había pasado desde aquel día', which offers a marked contrast with the closing words and perspective of the previous sentence '«Allá vamos»' (73). The adult narrator reflects on Manolo's journey alone, highlighting that it is a voyage of self-discovery on which he realises that '«Estoy solo»' (74). His solitude leads him to start to talk to himself aloud, and to ask himself if others perceive him as he perceives himself, in other words as someone who is alone, a marginal figure. The moment of realisation, of epiphany, around which many short stories are based, comes when Manolo falls from his bike and in a state of exhaustion is sick by the roadside, temporarily unable to continue: 'Lloraba detrás del muro, frente a los campos de algodón. No había nadie. Absolutamente nadie. Estaba allí solo, con su rabia, con su tristeza y con su verdad recién aprendida' (78). However, once he has become aware of his state of solitude and alienation, and apparently accepted it, the journey is much easier to complete, presumably again 'con las piernas, pero también con la imaginación'.

A final point to make in the context of this story refers back to 'Dos indios' and its function as a framing device. If 'El camino es así' offers the reader the first concrete evidence of the sense of alienation that leads to European exile, there are also echoes of the theme of the mass migration that brought hundreds of thousands of Andean inhabitants to the coastal cities. It is surely no coincidence that Chaclacayo is on the road connecting Lima with the high Andes, and as Manolo rests by the road he reflects that the cars and lorries that pass him 'subían hacia la sierra, o bajaban hacia la costa, hacia Lima. Le hubiera gustado conversar con alguien, pero, a su lado, la bicicleta descansaba inerte' (75). The two Indians of the opening story are clearly not the only ones to undertake such migration, and as Manolo recognises the two-way nature of such movements, his desire to communicate with someone is frustrated and it appears that his growing awareness of social forces is not to be shared.

Manolo's 'migration' is, of course, temporary, but his journey to the foothills of the Andes could be taken as constituting part of the search he undertakes at the end of 'Dos indios'. Such an interpretation would be lent further weight by repeated associations in the closing lines of the story between Chaclacayo and the sun, from which the Inca leader was believed to have descended in his position as demigod. In 'Dos indios' Manolo recalls how the Indians he knew on the building site 'no tenían gloria, ni imperio, ni catorce incas' (57), but his thought at the end of 'El camino es así' that 'Llegaré de noche [a Chaclacayo], pero también mañana brillará el sol' (80) may be seen as an expression of hope in the place of the migrants in the society of the future. The excursion to Chaclacayo, then, marks an important first step in Manolo's awareness of his difference, of his condition as a marginal figure, and it is the increasing sense of this alienation, together with his inner conflict between the world of external appearance and internal emotion, that is explored in the remainder of the stories.

In 'Su mejor negocio' Manolo, now aged fourteen, sells the bicycle that brought about the realisation of his marginal condition to Miguel, a local gardener with whom he regularly played football in his childhood. With the proceeds of the sale, Manolo buys a brown corduroy jacket similar to that worn by Brother Tomás in the previous story. Physical descriptions are again significant and represent an obvious point of comparison with the previous stories. For the first time, Manolo's clothing is described in detail, implying a shift in his priorities that will see appearances and social relationships acquire ever greater importance, and as he prepares to go out with his friends at the end of the story, he admires in the mirror his brown jacket, green shirt, grey trousers and cherry red necktie. The necktie is as original as it is unfortunate, but the other items recall the descriptions of his father in '**Con Jimmy, en Paracas**' (the grey trousers) and Brother Tomás in '**El camino es así**' (the brown jacket and the green shirt). Manolo is motivated, perhaps subconsciously, by role models who are important in his emotional development, but for the time being their influence manifests itself most obviously in a questionable dress sense, their inner value appreciated only by the adult Manolo who narrates in hindsight.

The descriptions of Miguel take us back to the framing story that opens the collection, for the comparison of him with 'an actor de cine mejicano' (83) makes it clear that he is of indigenous descent. There are, however, important differences: rather than the dehumanising description of the unnamed 'dos indios', Miguel is given an individual identity and a certain status, considered by the young Manolo to be '«un artista»' (81) as a result of his skills as a gardener. Moreover, the reader is left in some doubt as to his exact appearance: he shares the straight black hair of the 'dos indios', and his face is 'color tierra seca' (83), but the similarity with a Mexican actor suggests that he is perhaps more of a *mestizo*, a sense that is strengthened by the fact that he wears a tie when he comes to buy the bike. It would appear that Miguel is a 'cholo', someone of indigenous appearance who has adopted Western cultural norms, a social type that was to emerge as a major social force under the *Gobierno Revolucionario de las Fuerzas Armadas* in power from 1968 to 1975. A final point in this regard is Miguel's working clothes, a 'comando color kaki' (83) that brings to mind the guerrilla groups inspired by the Cuban Revolution of 1959 and active in the southern Andes in the mid-1960s, fighting on behalf of indigenous peasants and their land rights. It is difficult to see Bryce as a revolutionary, and although some critics described *Un mundo para Julius*, with its depiction of an oligarchy in decline, as 'un servicio a la revolución', Bryce refused to ascribe a political intent to his work and to link his writings to the social programme of the military government (Delgado, 1971, p. 13). While the author may be justified in doing this, there is no doubt that his work, as here, raises issues of social and ethnic divisions and their validity in contemporary Peru.

These social issues are developed in the changing relationship between Manolo and Miguel. As has already been mentioned, Manolo remembers how he thought of Miguel in terms of «Un artista» and a «Maestro», reflecting the status he acquires through his work, but when he arrives at the house the fourteen-year-old protagonist compares him to a less flattering 'actor de cine mejicano', visits to the cinema with his schoolfriends influencing the manner in which he views his surroundings. The comparison serves to distance Manolo from Miguel, as well as to convey the notion of class difference of which he has only recently become aware. The differences in treatment with the passing of time are not, however, experienced by Manolo alone: when they first knew each other Miguel called Manolo by his name, but as Manolo leaves childhood and enters adolescence he also begins to take his place in the rigidly divided social classes of contemporary Lima, and the gardener starts to call him '«niño», como si ya no se atreviera a llamarlo Manolo, como si el «usted» no viniera al caso, y como si se tratara de detenerlo en la época en que jugaban al fútbol juntos' (83).

In the context of previous comments about social changes and mass migration, it is interesting to note that in this story it is Manolo's family that moves to the *barrio*, where Miguel was already established as a gardener, a business that goes from strength to strength and allows him to buy Manolo's bike, signifying participation in the economic activity of the capital and a degree of social movement, at least when compared to the 'dos indios' of the opening story. However, it would be taking things too far to see this as equality: Miguel only has access to Manolo's childhood world, and as he moves into an adolescence that brings with it an awareness of social class Manolo stops playing football with Miguel and other local domestic workers. His interests stop being defined by gender and the *barrio* (through football) and start to be defined by social class, through events such as the cinema or the school fair at the end of the story, at which the friends hope to meet girls, who come onto the scene for the first time.

'**Su mejor negocio**' also offers us the first signs of Manolo's difficulties in communicating with others that are apparent in '**Dos indios**', in which he sits quietly in the café, his brief exchanges with the narrator punctuated by silences that last half an hour. Manolo's conscious decision in this story to move out of a state of emotional innocence and into the world governed by social convention and appearances, marked by the coveting of the brown jacket, is accompanied by an awareness of social difference. When Miguel is examining the bike, all of these factors combine to make Manolo feel that 'Estaba en un aprieto' (84): he is unable to maintain the relation he had previously enjoyed with Miguel, and instead of talking naturally with his childhood friend 'Manolo buscaba alguna fórmula para liquidar el asunto' (84). The theme of expression and communication with others is developed more fully in subsequent stories, but the fact that its first appearance coincides here with Manolo's entry into the world governed by social convention should not pass unnoticed.

As in the majority of the stories of the collection, this one is narrated from an adult perspective, as Manolo apparently remembers key episodes from his adolescence. Once again, the thoughts of the protagonist as a young teenager are set apart from the view of the adult narrator by speech marks, but it is not until the closing lines of the story that there is any more explicit indication as to how his younger self's behaviour should be seen:

Sábado en el espejo de su dormitorio. Sábado en su mente, y sábado en su programa para esa tarde. El espejo le mostraba qué bien le quedaba su saco de corduroy marrón, su pantalón de franela gris, su camisa color verde oscuro, y su pañuelo guinda al cuello (él creía que era de seda). Alguien diría que era demasiado para sus catorce años, pero no era suficiente para su felicidad. (84)

The adult narrator's comment in brackets is another example of the construction of a tentative relationship with the reader and undermines the description of Manolo's appearance that goes before. A re-reading of the passage in the light of this comment highlights the garish colour combinations and the fact that the neckerchief is not of the fine cloth he believes it to be, an observation that can be applied more widely to the society dominated by appearances to which he aspires at that time. The adult narrator has clearly come to realise this and, from the complicity of the comment in parentheses, he assumes that so too has the reader.

A final topic to mention in the context of this story is the presence and function of various forms of popular culture, such as cinema, music and sport, all of which appear repeatedly in Bryce's work over the years. Sport, which is mentioned in each of the stories considered so far (and in several of those to come), figures most prominently here and in **'El camino es así'**. In **'Dos indios'** we are told that Manolo 'No hacía deportes' (49), apparently preferring meditation to action, but this had not always been the case, and Manolo had been a keen footballer and an enthusiastic cyclist. Manolo's struggle to complete the journey to Chaclacayo can be taken to represent the conflict between mind and body, and if the story's subtitle suggests that the body's suffering is also experienced by the mind, the eventual triumph of Manolo's mental determination over his exhausted body symbolises the adult narrator's realisation that the internal world is

23

more valuable than the external. In **'Su mejor negocio'** the bike is sold, but football features as a daily practice that binds together boys and men of different social groups in the *barrio*, and serves as a training ground on which Manolo becomes initiated in several male cultural practices, notably swearing. Cinema, which provides the spark to Manolo's memory of the two Indians of the opening story, similarly features in many stories of the collection, here acting as a social event that replaces football as Manolo redefines himself. However, as well as signifying part of the protagonist's move into the world of social convention, cinema is also portrayed as being responsible in part for Manolo's changing view of social relations, causing him to see Miguel as a stereotype rather than as an individual. While cinema clearly comes to be an important aspect of Manolo's cultural experiences, its value and role are less clear. **'Su mejor negocio'** is one of the first Peruvian short stories to include football to any significant degree, and Bryce's use of cinema, music and sport prefigure major developments in Latin American literature that were to become characteristics of the post-Boom of the 1970s and 1980s.[4]

In **'Las notas que duermen en las cuerdas'** Manolo is around fifteen, as is revealed in the closing lines, and the girls he and his friends had hoped to meet at the end of **'Su mejor negocio'** are now a major part of his daily life. However, the move into adolescence has not been without its challenges, and the themes of convention and communication are both developed considerably in this story, which is set at the end of the Peruvian school year in December. Manolo's success in his exams means that for the holidays 'estaba libre' (87). Despite Manolo's jubilation at the end of the exams, it soon becomes apparent that freedom from the routine of school proves problematic: as he sits with his mother at the table after a meal, the passage to the next room is described as 'la puerta de un calabozo, que da siempre al interior de la prisión' (89) and as he goes upstairs to his bedroom he is compared to 'un hombre que sube al cadalso' (89). The problem is that freedom from the daily routine has given Manolo time to think, and in an attempt to fill the days he has taken to wandering in the city centre, where the 'paseos que uno hace por no pensar, eran cada vez más frecuentes' (88), prefiguring events in the final story of the collection.

---

[4] It is intriguing to note that in 'Yo soy el Rey' Bryce draws on the lyrics of Argentine tango singer Carlos Gardel, specifically the 'boquitas pintadas' that constitute the title of Manuel Puig's 1969 novel that was to become one of the most celebrated works of the post-Boom.

Manolo's struggle to make sense of his days of freedom is complicated by social convention, and his growing awareness of its weight is obvious when, after attending mass on Christmas Eve, he remembers that 'tenía que besar a sus padres y hermanos: era la costumbre', while the adult narrator is more openly critical, describing the Christmas greetings as 'las reglas del juego' (94). Social convention is most forcefully apparent, however, in the machismo that dictates how boys view and relate to members of the opposite sex. The following extract will help to illustrate the point:

> Detestaba esos grupos de muchachos que hablaban de las mujeres como de un producto alimenticio: «Es muy rica. Es un lomo.» Creía ver algo distinto en esas colegialas con los dedos manchados de tinta, y sus uniformes de virtud. Había visto cómo uno de sus amigos se había trompeado por una chica que le gustaba, y luego, cuando le dejó de gustar, hablaba de ella como si fuera una puta. «Son terribles cuando están en grupo, pensaba, y yo no soy un héroe para dedicarme a darles la contra.» (89–90)

Manolo's disgust at the objectivisation of girls again sets him apart from his classmates, whom he leaves as they go to watch the girls coming out of school, and indeed from a male society dominated by machismo. Privately, he feels differently about the girls, his feelings characterised by protective instincts, and his visions of them focus not on their bodies, but on their 'uniformes azules, esos cuellos blancos y almidonados, donde para él se concentraba toda la bondad humana' (90). As is also apparent from the above extract, he is unable to express these views in public and challenge the dominant values of society, although the fact that these words are presented in speech marks indicates that they belong to the Manolo of the story rather than the adult narrator. The effect is to create a distance between the views he held as a fifteen-year-old and those he holds perhaps in his twenties, and as we saw in **'Con Jimmy, en Paracas'** the adult narrator would not hesitate to stand up for his beliefs in the face of social convention, unlike the Manolo of the final words of the above extract.

Another of the codes of machismo is the hiding of emotion, which Manolo fails to do in **'Dos indios'**, and this contributes to the protagonist's difficulties in communicating with others, a theme that comes to the fore in this story, and which remains there for the rest of the collection. The problem of communication is found here in relation to the opposite sex, as he seeks to establish contact with one of the many girls he sees in the course of one of his walks around the centre of Lima. On one occasion, for example, his eyes meet those of a schoolgirl of his age in one of the crowded streets, and he 'estaba seguro de haberle comunicado algo. No sabía qué' (91). The problem also emerges in the intimacy of his own home, with the people he most loves: one afternoon, despite the whole family being at home, Manolo's parents and siblings go their own ways after lunch, his mother lying on the bed alone with her eyes wide open. Again, as they wait to eat their *panetón* and hot chocolate after the Christmas dinner, the narrator tells us that 'era difícil encontrar algo de qué hablar' (94), the only words being a trivial comment from the father at a time when some more profound dialogue might be expected. However, Christmas too is tied into the world of conventions, a fact to which our attention is drawn as the family Christmas tree, adorned with cotton-wool snow, sits uncomfortably with the oppressive heat of Lima in December. The lack of communication between the members of Manolo's family, and the dominant role of convention in their actions, suggests that meaningful social relations have broken down and that Manolo is not the only one to experience isolation under the weight of convention. All of this leads Manolo to go out on another of his solitary walks late on Christmas Eve, bursting into tears as he feels that 'tenía algo que decir. Algo que decirle a alguna persona que no conocía; a muchas personas que no conocía' (94).

As we have seen, the narrative style of **'Las notas que duermen en las cuerdas'** shares many of the characteristics of the stories that precede it, but it is noticeable that in the opening paragraphs in particular the narrator makes an effort to build the relationship tentatively established with the reader. One technique used is the parenthetical asides that assume a shared perspective between narrator and reader, and as in the example taken from **'El camino es así'** these tend to open up consideration of wider societal concerns. It is significant that the society that is thus revealed is precisely that which Manolo rejects: when the distinguished lawyer looks down the front of his young secretary's dress, his comment '«Qué linda su medallita, Amada»' is followed immediately by '(el doctor lo ha oído decir por la calle)' (86), indicating that such lechery is widespread and readily excused. Another narrative device used in the opening paragraphs to reduce still further the distance between narrator and reader is the introduction of a narrative in the second-person singular:

> Por las calles, las limeñas lucen unos brazos de gimnasio. Parece que fueran ellas las que cargaran las andas en las procesiones, y que lo hicieran diari-amente. Te dan la mano, y piensas en el tejido adiposo. No sabes bien lo que es, pero te suena a piel, a brazo, al brazo que tienes delante tuyo, y a ese hombro moreno que te decide a invitarla al cine. (86)

Although this use of the second person could of course correspond to the 'one' of general speech, the ambiguity leaves open the possibility that the narrator is addressing the reader directly, as he does shortly afterward with señora Anunciata, of whom he implores 'no cierre usted su persiana ..., aunque su lugar no esté en la playa, y su moral sea la del desencanto, la edad y los kilos' (87). Also of note here is the narrator's solidarity with someone who does not readily fit in with the world of external appearances, and identification with marginal figures is again evident in **'Las notas que duermen en las cuerdas'** via the bow-legged woman loaded down with cheap presents. The combined effect of these techniques is to draw the reader toward a position alongside the narrator, and as well as establishing a relationship between narrator and reader, these techniques also require the reader to engage with the text. This participation in the process of narrative creation, as the reader is forced to make sense of the changes in perspective, is a constant feature of Bryce's literature, and of the modern short story in Latin America, of which Bryce is a leading exponent.

Manolo's desire to share his feelings and thoughts finds a potential solution in **'Una mano en las cuerdas (páginas de un diario)'**, in which he finally makes contact with one of the girls he admires, establishing a summer romance whose development is charted over the three months of the school holidays. In the title of this story, as in **'Las notas que duermen en las cuerdas'**, the strings can be read as symbols of Manolo's emotions, and the sense of progression between the titles suggests that his feelings are on the verge of finding expression. In the context of the collection as a short-story cycle there is also a strong resonance with **'Dos indios'**. In the opening pages of this framework story we learn that when Manolo arrived in Europe at the age of eighteen 'sabía tocar un poco la guitarra. Ahora, al cabo de casi cuatro años en Europa, continuaba tocando un poco la guitarra' (49), although we learn a little later that he has sold his guitar. In the light of these references to what might be translated as heart strings we can surmise that Manolo's emotional development did not make significant progress in the three years before he left for Rome, and that moving away from the constraints of Lima's social conventions did not provide him with the answer to his problems of emotional expression or to relationships with the opposite sex.

After first noticing Cecilia at the swimming pool, their relationship follows a series of steps that constitute a well-worn path that convention dictates any boy must follow to gain a girlfriend: Manolo is introduced to her; they earn the right to have 'their' bench by the pool; he walks her

27

home; he invites her to the cinema, where he is to put his arm around her for the first time; they meet in the Parque Salazar, after which he is to ask her out; finally they hold hands, have their first kiss and choose 'their' song for the round of parties that will come when they start back at school. Manolo is not the only one who is following what are explicitly described as 'las reglas del juego' (101), and Cecilia, too, largely conforms to what is expected of her in this game, although her Austrian descent enables her to remain outside Lima's conventions to a degree, as when she accepts him as her boyfriend immediately, rather than making him wait as her girlfriends had instructed her.

This process of gradual acceptance as girlfriend and boyfriend, by each other and by society more widely, represents a marked shift from Manolo's disgust at the conventions governing relationships between the sexes in the previous story, and Manolo experiences an inner conflict that can be appreciated through our access to his diary. On several occasions Manolo complains that the steps he and Cecilia are following are unnecessarily complicated, but the force of social convention is expressed through the repeated use of verbs such as 'tengo que' and 'debo'. These tensions come to a head when Manolo leaves behind the platonic relationship he had preferred in the face of his friends' comments about Cecilia's legs (it is interesting in this regard that there is no entry for 14 February), and their relationship becomes physical:

Hoy le he cogido la mano por primera vez. Sentí que uno de los más viejos sueños de mi vida se estaba realizando. Sin embargo, después sentí un inmenso vacío. Era como si hubiera despertado de un sueño. Creo que es mejor soñar. Me gustaría que las cosas vinieran con más naturalidad (103).

The move away from the ideals that had previously characterised his relations with the opposite sex is complete when four days later they share their first kiss, only for Manolo to spoil the moment by lying that he had kissed other girls before, as one of his more experienced friends had advised him.

Although the story takes the form of extracts from a diary, with all the subjectivity they imply, on four occasions the narrative moves to a third person who narrates in the past tense. From the 'dicen que' (95) in the first line of the story it is evident that this third-person narrator is not omniscient, yet has unlimited access to Manolo's experiences and thoughts, a combination that seems to confirm that the third-person narrator is an adult Manolo who reflects upon his adolescence with the benefit of hindsight. In this story, the more mature perspective excuses Manolo's actions, seeing the forces of social convention as irresistible and the protagonist's experience in relationships as too limited to be able to offer Cecilia any other form of love. The adult narrator also recognises that social behaviour is learnt, and his comment that the young couple's physical relationship 'tenía para él algo de lección difícil de aprender' (104) lays the responsibility for the protagonist's loss of innocence and ideals squarely at the door of Lima's machista society.

The use of a diary format also highlights another of the key themes of this collection, namely the difficulty of achieving communication with others. As was stated in the context of the previous story, the lack of communication, particularly of emotions, that typifies the relationships between the characters can be attributed in large part to machismo, and on numerous occasions Manolo states how difficult it is to express to Cecilia what he feels for her. Even more striking is his reluctance to express his feelings to himself: at an early stage in their relationship, Manolo writes of his fear that he may lose Cecilia, but by going on to say that 'No debo escribir más. Esto no es de hombre' (98) he reveals a keen awareness of the codes of behaviour that separate the sexes. The adult Manolo has overcome such inhibitions, as well as his resolution that 'Nunca dejaré que lean esto' (104), and has no hesitation in using writing to explore relationships and emotions, a position shared, of course, by Bryce. The possibility that art in general, and the short story in particular, may be highly appropriate forms for examining such matters is foregrounded in two episodes: the first involves Manolo and Cecilia's first date in the cinema, which is dominated by a kiss shared by the soldier and the heroine of the film. The second comes in the final entry of the story, in which Manolo identifies closely with a line from a text by Chekhov that expresses the suffering of love, its position within the story drawing special attention to its presence and significance. This relationship between art and life will be given further consideration in due course.

A final point to mention with regard to the diary format is that it is used again in 'Las inquietudes de Julius', a five-page draft that is included in Julio Ortega's edition of *Un mundo para Julius* as one of two 'beginnings' of the novel (Bryce Echenique, 1993 [1970], pp. 604–8). This apparently represents the short story that provides the bridge between *Huerto cerrado* and the subsequent novel, and it is noteworthy that hand-written comments by the author remind him to develop four aspects of the story, all of which relate to characters who will eventually be the servants in the novel. There are clear echoes here of the 'cholo' gardener Miguel, and via this connecting text the questions raised by **'Dos indios'** can be see to carry over into *Un mundo para Julius*, in which Bryce explores the condition of different ethnic groups in contemporary Lima. In the narrower context of the diary format, 'Las inquietudes de Julius' opens with reflections that are highly relevant to *Huerto cerrado*:

> Hablar de Julius es cosa triste; bastante difícil además porque murió hace mucho tiempo, años, años. Lo recuerdo, lo imagino, leo su diario, las pocas páginas que escribió cuando era niño, antes de morir, a los doce, a los trece años, como todos los niños. Siempre he pensado que conocer a una persona y luego leer su diario es cosa impresionante; es como encontrar el soldado después de la guerra, al volver del frente [...]. Así es eso de leer el diario de una persona que ya se conoce, se le conocía porque ahora adquiere una nueva dimensión o lo que sea, como antes y después del primer amor, más o menos a los dieciséis años (Bryce Echenique, 1993 [1970], p. 604).

The ages mentioned here acquire special significance when it is realised that they tie in exactly with corresponding events in this collection: the death of innocence at the age of thirteen is precisely what Manolo experiences in **'Con Jimmy, en Paracas'**, lending weight to Hegstrom-Oakey's reading of the collection as a *Bildungsroman*, while Manolo's first love (Cecilia) blossoms when he is fifteen. Bryce clearly sees the diary as a means of gaining fresh perspectives on someone with whom one is already familiar, and in **'Una mano en las cuerdas'** the juxtaposition of narratives in the past and present tenses allows the reader to achieve just such views of a character with whose development we have become familiar over the preceding four stories. 'Las inquietudes de Julius' is significant not only because it indicates that Bryce is fully aware of the impact of presenting Manolo's experiences and thoughts through the pages of a diary, but also because it indicates that the stories of *Huerto cerrado* are far more closely connected to the works that follow than has previously been recognised.

In **'Un amigo de cuarenta y cuatro años'** Manolo's overly keen anticipation of the weekend and the chance to see Cecilia leads to him being punished in the form of having to spend the weekend at his English boarding school near Chaclacayo. The physical description of the school, its atmosphere and even some of its employees prefigure the Colegio San Pablo of *No me esperen en abril* (1995), again demonstrating how the stories of *Huerto cerrado* nourish later works. In this environment, significantly isolated once again from Peruvian society, Manolo learns an important lesson on his journey from adolescence to adulthood. The title of the story draws attention to the generational gap that separates him from Mr Davenhock, the director of the school, but at the same time informs the reader that the difference in age did not prevent them from establishing a relationship based on shared experience. Given Manolo's feelings for Cecilia in the previous story, it is perhaps not surprising that matters of the heart should provide them with common ground, and, as in other stories, it is the difference in perspectives between adolescence and adulthood that allows for reflection. Manolo's anguish at the prospect of a weekend without seeing his girlfriend is brought into question by Mr Davenhock's description of her as a 'ridícula novia' (110), while his teacher's experience of love in war-torn Europe – related in a most understated fashion – forces the protagonist to reconsider the meaning of suffering. By ignoring his classmates at the end of the story and choosing instead to sit with Mr Davenhock it would appear that Manolo accepts his teacher's comments and takes a conscious step toward adulthood, although the closing words of the story imply to the reader that communication is no more forthcoming in the adult world than it is for teenagers.

This story provides us with two further points of note in the context of this collection and of Bryce's work more widely. The first relates to a clear example of narratorial intervention as Mr Davenhock offers Manolo his views on life in general and adolescence in particular: 'No se es feliz nunca – estaba mintiendo –, pero sobre todo no se es feliz a tu edad' (110–11). By contradicting this view, the narrator expresses an optimism that has a significant bearing on the way in which the collection overall may be interpreted by the reader. The second point concerns the use of various forms of artistic expression, specifically music and cinema, as part of the process of emotional experience: here, Mr Davenhock's relationship with his German girlfriend during the war continues in the present through the songs and films of Marlene Dietrich. Manolo's relationship with Cecilia is also defined, in part, by 'nuestro cine' (103) and 'nuestra canción' (105), but Mr Davenhock's calm and succinct expression of his suffering is in marked contrast to Manolo's wild affirmations of 'La quiero mucho' on the day they meet (96) and '¡La adoro!' ten days later (96): the experience of love is clearly important, but so too is the manner in which feelings and thoughts are expressed, something Bryce explores throughout the stories.

Having taken the decision to join adult society at the end of **'Un amigo de cuarenta y cuatro años'**, in **'Yo soy el Rey'** Manolo undergoes one of the rites of initiation into Lima's machista society that various Peruvian

31

authors include in their narrative, namely a visit to a brothel where he loses his virginity. Given the inevitable focus on bodily relations that Manolo's encounter with the prostitute la Nylon entails, it is fitting that physical descriptions again offer the reader a ready point of access to the story, in which the passage of time that marks the protagonist's development is indicated by his wearing 'un viejo saco de corduroy marrón' (113), presumably the one he bought at the end of **'Su mejor negocio'**. Manolo's fall from a state of innocence and relative purity, reflected in **'Una mano en las cuerdas'** by his focus on Cecilia's face and hands, is conveyed here by the grotesque physical descriptions of those in the brothel: the assistant who brings water to the rooms is 'Un ser increíble [...] El más cadavérico de todos los bailarines de flamenco [...] tenía los dientes inmensos y salidos [y] una piel excesivamente blanca, excesivamente seca' (113); the huge *Negro's* muscular physique reminds Manolo of 'una de esas inmensas esculturas de bronce que uno ve en los museos' (118), but one of his arms is shrivelled, and is kept hidden by his side, leading an enraged prostitute to call him 'mano muerta' (120).

For their part, the women who work in the brothel are described in dehumanising terms, with reference only to their bodies: as Manolo dances with la Nylon in a seedy room, his relationship with her is reduced to 'subía las manos para cogerle los senos, y las bajaba suavemente para amasarle las nalgas' (114). The contrast with his treatment of Cecilia is made explicit when Manolo and la Nylon have undressed a few minutes later: 'Era muy tarde para escaparse. Volteó. «Cecilia» (era su enamorada) pensó, mientras golpeaban sus ojos las dos tetas de la Nylon que colgaban inmensas' (114–15). This objectivisation of women reaches a climax as Manolo waits for his friends in the brothel's bar, and sees a man looking through a door at a prostitute whose face has been cut and of whom 'Sólo le queda el culo' (117), which she exhibits to voyeurs. In the context of the collection as a short-story cycle, this episode inevitably brings to mind two others: in **'Las notas que duermen en las cuerdas'** Manolo had rejected the attitudes whereby 'muchachos hablaban de las mujeres como de un producto alimenticio' (89), but his subsequent thought that '«yo no soy un héroe para dedicarme a darles la contra»' (90) has proved prophetic, and in viewing la Nylon purely in terms of her sexual attributes he has gone with the flow of social convention. The second echo is brought home via the mention of Cecilia as Manolo falls into bed with the prostitute and his friend's question toward the end as to whether he needed to lie to la Nylon about his previous experience, in the same way that he lied to Cecilia in **'Una mano en las cuerdas'** about having kissed other girls. In keeping with the characteristics of the contemporary Latin American short story, it is left for the reader to make these connections via an active engagement with the text, and it is also left to the reader to conclude whether or not Manolo's previous sense of disillusionment on realising his desires via deception is repeated here.

Whatever the reader's decision may be in this regard, the physical experience with la Nylon is described in mechanistic terms that do not encourage a positive response: her kisses are compared to a suction pad, in which 'le metía la lengua entre la boca, y la sacudía rápidamente hacia ambos lados', and rather than arousing Manolo this produces 'un extraño cosquilleo cerca de los oídos' (114); and once in bed, she is 'bajo su cuerpo, como una máquina recién enchufada que empieza a funcionar' (115). By likening this relationship to that which one enjoys with domestic appliances, Bryce highlights the manner in which dealings between the sexes are reduced to the level of commercial transactions, devoid of emotion or excitement. Indeed, apart from entry into Lima's male-dominated society, in which women are treated as objects for sexual gratification, Manolo apparently gains little from this encounter, and certainly does not find an outlet for his desire to share communication. If this episode marks a significant step away from Manolo's ideals, it is part of an education that he readily assumes, and the narrator draws the reader's attention to the fact that Manolo mimics behaviour he has observed in other men in the brothel via one of the parenthetical asides that characterise the narrative perspective of the more worldly-wise voice (114). The brothel, described as 'deprimente, decadente' (117) symbolises the society toward which Manolo is heading, and he recognises that it is 'Impregnado de un olor nuevo [...] No apestaba. La gente soportaba ese olor. Parecían estar acostumbrados a ese olor. Olía a placeres rebajados [...] A excesos. Olía a vicio y a humedad' (117). Is this the world to which Manolo too will become accustomed as he enters adulthood? Immediately after this description, the stark contrast with the excitement Manolo experienced in his relationship with Cecilia is forcefully expressed through the depiction of a couple on an old sofa, where 'el hombre manoseaba a una prostituta, somnolienta. El hombre miraba a otra prostituta, y la mujer no miraba a ninguna parte' (117). Manolo's relationship with Cecilia in **'Una mano en las cuerdas'** may have been naive and unrealistically idealistic, but social relations as experienced through the visit to the brothel are devoid of affection, integrity and communication.

The notion of the brothel as a microcosm of Lima society can be developed through a consideration of another dimension of the physical description of the characters found there. The brothel is run by Rudy, 'un inmenso rubio' (116), with the assistance of the aforementioned *Negro*, recreating the master-servant relationship that determined the relative positions of blacks and whites in Peru until the abolition of slavery in 1854 and, arguably, long after this date. The position of women has already received consideration, but it worth noting that the orders that Rudy gives to the women are obeyed without question, highlighting further their subordinate position, and that the only one referred to by name other than la Nylon is *China*. Alongside whites, blacks, orientals and women, the final social actor in Lima's social order is the 'cholo' who enters the brothel toward the end of the story. The issue of social hierarchy is foregrounded as he proclaims himself to be 'el rey', a description that is contested by one of the clients, who refers to him as 'cholo de mierda' (121–2), and by *Negro*, who turns to him with 'una mirada de desprecio' (122). By placing the 'cholo' at the bottom of the social hierarchy Bryce accurately portrays ethnic relations in contemporary Peru, but it is striking that in the closing lines of the story, as Manolo and his friends pass the drunken 'cholo' lying in a pool of vomit on the pavement, the protagonist tells his friends that 'Es el rey' (123). This may seem an unlikely evaluation, but it must be noted that the brothel lies on 'la avenida Colonial', suggesting that the atmosphere of depressing decadence and the downfall of the indigenous population are associated with the Spanish Conquest. Such an interpretation also resonates with the exploration of Peru sparked in the opening story by the childhood recollection of two downtrodden Indians, and the 'lector cómplice' imagined by Cortázar is thus given access to a questioning of social relations, invited by means of the structure of the short-story cycle to make connections that would not otherwise enter into consideration.

Another dimension of the social relations developed in **'Yo soy el Rey'** is expressed via the extensive use of dialogue in the story, found as a principal means of narrative presentation in **'Dos indios'** but employed only sparingly subsequently. One of the effects of the use of dialogue is to create a sense of distance from the events portrayed, which is entirely consistent with the grotesque descriptions of the visit, during which Manolo repeatedly thinks of Cecilia. More significantly, however, there is a considerable irony in the fact that the recourse to dialogue as a mode of narrative presentation coincides with a scenario in which communication is non-existent, as exemplified by the fact that *Negro's* silence proves overpowering in the face of *China's* hysterical outburst.

The potential for a socio-political reading of *Huerto cerrado*, in keeping with developments in Peru and Latin America and with Bryce's affirmation that 'el escritor es simplemente un rebelde a través de la palabra' (Bryce Echenique, 1985, p. 76; Ferreira and Márquez, 1994, p. 40), is again apparent in the title of the story that follows **'Yo soy el Rey'**. In **'El descubrimiento de América'**, whose title offers an allegorical meaning, questions of immigration and what might be described as the exploitation of natural resources constitute a clear secondary thread of the narrative. América is the daughter of Italian immigrants, 'una de las muchachas más hermosas de Lima' (124), whose body seems to want to break free of the confines of the school uniform she is about to leave behind as she sits her final exams. She is fully aware of the impact that her curvaceous figure has on men, and is prepared to use her looks and to deceive in order to capture a wealthy boyfriend and improve her social position, as is confirmed when the narrative assumes her perspective in the form of stream of consciousness over the best part of a page (137–8). This is the only occasion in the collection on which a female perspective is presented, and what is conveyed by this representation of América, which suggests that the narrator is encouraging the reader to view her with some sympathy, is a criticism of the roles to which young women are restricted by machista society and confirmation that they are bound as much as men by conventions beyond their control.

In this story Manolo, now at university, also continues to play by these rules, although in his relationship with América he is torn between his attraction to her body and the desire to 'amar como antes' (130), and the primary interest lies in this ongoing conflict between the external world of physical appearance and the internal world of emotion and its expression. If América clearly represents the former values, then Manolo's friend Marta, described as '«Marta la fea. Inteligente.»' (125) represents the latter, significantly able to talk with Manolo about their plans, thoughts and emotions. In the opening stages of the story the opposition of the two sets of values is made explicit to the reader as Manolo's thoughts are presented in the speech marks used throughout the collection: '«Hay dos tipos de mujeres», pensó: «las que uno ama, y las Martas. Las que lo comprenden todo.»' (126). As elsewhere, the speech marks indicate a distance between the young Manolo's thoughts and those of the adult narrator, and by the end of the story it is clear that the protagonist has come to realise that women cannot be viewed in such simple, binary terms.

Manolo's planned discovery and conquest of América relies on what are termed 'algunas tácticas imaginativas' (131), but which are in reality lies: in the light of Marta's warning that 'a América le gustan los chicos que gastan plata' (126) he pretends to be the son of a wealthy family, with a luxury house in Chaclacayo, holidays in Europe and use of a red sports car that captivates América. For the deceit to work, Manolo has to rely on 'la falta de imaginación (léase inteligencia) de América' (130), the narrator's comment in parentheses recalling Manolo's comment to Marta that 'Uno no quiere a una persona porque es inteligente' (126), and on her desire to gain access to the ranks of the social elite via judicious use of her body. Manolo is well aware of the fact that he is building another relationship on the basis of falsehoods, as is apparent when he tells Miguel, who reappears as a gardener in Chaclacayo, that '«La quiero mucho, Miguel», añadió, pensando: «mucho, como antes, porque la iba a volver a engañar»' (135). The sense of repetition of the relationship with Cecilia is reinforced in the narrative in the lines that precede this admission, as dates and regular visits to the swimming pool mirror those of **'Una mano en las cuerdas'** two years before, while the thought that he is 'prostituyendo el catolicismo de su tío' (134) inevitably bring to mind the visit to the brothel in the preceding story. As in the case of the milestones he reaches in the course of his relationship with Cecilia (the first kiss, his lost virginity), the seduction of América, similarly based on deceit, brings no fulfilment, only disappointment, while the realisation that he desperately wants to talk to Marta about what he thinks and feels highlights the fact that attempts at such communication have repeatedly failed with América.

Despite successfully playing the rules of the game and achieving discovery of América at a physical level, this story marks a key moment in Manolo's social and emotional development, bringing about as it does the realisation that internal qualities and communication can offer a route to satisfactions that bodily gratification cannot reach. This shift is marked in the story's closing words, which clearly refer to América getting dressed at one level, but which can also be interpreted as a statement of how Manolo's view of America – as of the society that surrounds him – is also changing, despite his earlier affirmation that 'él tampoco había cambiado a pesar de haber aprendido tantas cosas' (131). It is precisely such changes, and the protagonist's response to them over time, which the short-story cycle exploits in a manner that cannot be achieved in other collections of short stories.

In 'La madre, el hijo y el pintor' Manolo, now aged seventeen, divides his week between his mother and father, who have separated in a symbolic portrayal of the broader difficulties of social relationships. In the events of the story we find Manolo with his mother, and as she gets ready for a party at which she will introduce her son to her new friends, the themes of communication and appearances are developed further. Although Manolo is able to talk freely with his mother as she dresses, it is noticeable that several of her comments are met with a 'Hummm ...' by way of response, and as they drive to the party thoughts that Manolo might be free to express himself in the company of adults are countered by the fact that 'Permanecía mudo', and that he is told by his mother that 'No es necesario que hables mucho' (146). Any notion that Manolo's entry into the world of adult social relations might bring with it meaningful expression is further undermined as it emerges that there has been a breakdown of communication between his mother and her new partner, who has prepared a dinner for two. This state of affairs is highlighted by the presentation of the story largely via dialogue, which, ironically, fails to convey the desired messages, and as the story ends with formulaic expressions it is clear that an ability to talk does not guarantee communication.

With regard to the theme of appearances, Manolo's preference for his mother without make-up indicates that not only has he gained important experience from his relationship with América, but that he is also prepared to voice his opposition to social convention with a self-confidence he did not possess in 'Las notas que duermen en las cuerdas'. As Manolo's mother puts on her dress and her make-up, she rejects her son's comments by saying that 'Toda mujer tiene que arreglarse para salir, para ser vista [...] A toda mujer le gusta gustar' (143). Manolo is able to appreciate her physical appearance, but when she puts on a black petticoat he cannot help but be reminded of 'esos fustanes que usan las artistas, en las películas para mayores de dieciocho años' (144). These 'artistas' bring to mind those Manolo struggled to conjure up in his imagination to be able to function with la Nylon, and indeed the whole scene of his mother's preparations for the night out bears striking resonances with the manner in which la Nylon too put on her dress and made herself up in a mirror after she had had sex with Manolo. Leaving aside potential Freudian readings of this episode, the significance would appear to be that Manolo's mother is right in stating that 'A toda mujer le gusta gustar' and that social convention governs the actions of women at all levels of society, subjecting them to male desires. The position of the two women is further drawn together by the mother's comment that the next stage of her make-up is 'una base para polvos' (143), which could be read as a suggestion that women are condemned to using their appearances as a route to sexual relations, a criticism of a machista society that determines the actions of Cecilia and América as much as it does those of la Nylon and Manolo's mother.

'**El hombre, el cinema y el tranvía**' is the last of the stories that follow the clear chronological progression of Manolo's development. The presence of direct speech is more prevalent here than in any of the other stories, and this extends to the narrator addressing the reader in the opening lines when a brief account of the centre of Lima is followed by 'No voy a describirlo minuciosamente, porque los lectores suelen saltarse las descripciones muy extensas e inútiles' (148). The effect of this is to draw the reader's attention from the outset to the fact that the representation of Lima that we have before us is a literary text that we help to create, and this story explores as its central theme the relationship between art and life, developed significantly in subsequent works. This relationship has, perforce, to be expressed in language, and the presence of extensive dialogue serves to highlight by contrast Manolo's ongoing alienation from those around him, apparent in his decision at the end of the story not to join the routine of the men in the bar who 'Tenían algo en común, aunque fuera tan solo la cerveza que bebían' (150) and to order instead a straight Pisco. Manolo's rejection of the shared routine here invites comparison with '**Dos indios**', in which he frequents the same bar day after day. As is also suggested in many of Cortázar's stories, routines may be a way of coping with a reality that is otherwise difficult to comprehend or accept. The primary function of the extensive dialogue in this story, however, can be seen as foregrounding the conflict between everyday expression and extraordinary events, typified by the use of commonplace formulae in people's response to the gruesome death they witness. The driver of the tram that cuts the man to pieces says 'No pude hacer nada por evitarlo', an elderly passenger exclaims '¡Dios mío! [...] En los años que llevo viajando en esta línea', and someone in the crowd suggests that 'Hay que llamar a una ambulancia' (149). It is this final comment that draws attention to the futility of the characters' words, given that the victim is described as 'descuartizado', and the narrator is similarly at a loss for words, stating redundantly that 'La gente continuaba aglomerándose frente al descuartizado, igual a la gente que se aglomera frente a un muerto o a un herido' (149). All of this combines to lend the episode something of the absurd, prefiguring the humour that was to become a central feature of *Un mundo para Julius* and other works by Bryce in a marked departure from the seriousness that had typified Latin American – and especially Peruvian – narrative prior to the 1970s.

This unfortunate incident leads Manolo and his thirty-something friend (it is significant both that Manolo is not with friends of his age and that the death was the result of a man's desire to have a good view of a passing 'culo') to reflect on the relationship between art and life. The conclusion to their discussion of the topic revolves around catharsis, a purification of the emotions through the experience of artistic expression. In the context of this collection, Manolo's diary in 'Una mano en las cuerdas' offers a clear example of this, as do the various references to visual culture and music throughout the collection, particularly in 'Un amigo de cuarenta y cuatro años' and 'Yo soy el rey'. It is also worth considering that *Huerto cerrado* itself may be fulfilling the same function for Manolo as narrator of the collection, and indeed for Bryce (who wrote the stories when the same age as Manolo's friend who makes the reference to catharsis) as its author, a notion given further weight by the author's recollection of his motivation for writing the stories: 'A Mario Vargas Llosa y Julio Ramón Ribeyro, que fueron quienes me acogieron en París y tuvieron confianza en mí, les dije, miren, esta ha sido mi vida, esta ha sido mi historia [...]. Volví de Italia feliz con aquel libro de cuentos' (Ferreira and Márquez, 1994, p. 27). *Huerto cerrado* marks not only the discovery of Bryce's voice as an author, but also a sense of closure with regard to the childhood in Lima he has left behind.

The theme of ordering experience via the written word is further developed in 'Extraña diversión', the final story of the collection in which Manolo has apparently gone mad. He walks the streets of Lima in a manner that mirrors 'Las notas que duermen en las cuerdas', in which he undertakes an 'extraña sumersión' (91) and 'extraño paseo' (94), and thinks in a stream of consciousness reminiscent of the closing lines of 'El descubrimiento de América', again encouraging the reader to make connections across the stories. What Manolo observes in the course of his wanderings is written down in a notebook that he carries in his pocket, and the pencil he uses is thrown repeatedly at the storm clouds that seem to overwhelm him: the image created is one of his pencil as his weapon, used to defend himself and also to attempt to make sense of the society that surrounds him. This closes the short-story cycle, taking us back to 'Dos indios', in which Manolo decides to return to Lima to discover the significance of his childhood friends while the narrator states that 'Acabo de salir de allá y no sé nada. A ver si ahora que estoy lejos empiezo a enterarme de algo' (50). However, it is not just Manolo and the narrator who undergo voyages of discovery by means of the stories, and given the centrality of the theme of communication (remember the author's comments in relation to the original title) Bryce may also be seen to find in these stories a first vehicle of expression. Reflecting on the writing of *Huerto cerrado* Bryce has stated that 'me gustaba mucho porque decía cosas que había querido expresar toda mi vida' (Bryce Echenique, 1993, p. 111), a state of affairs that mirrors Manolo's ability to express himself via the narrative in a manner that was beyond him as a teenager. Life clearly has an impact on literature, as is obvious from the numerous autobiographical references in *Huerto cerrado*, but, more interestingly, literature also has an impact on life, as is alluded to in the comments above relating to catharsis. Writing elsewhere, Bryce has expressed the manner in which 'la literatura se ha ido convirtiendo en mi vida, absolutamente, hasta el punto de que muchas veces no he llegado ya a poder discernir ni a establecer una diferencia entre la realidad y la ficción' (Bryce Echenique, 1985, p. 65).

For the reader of *Huerto cerrado* this contact between literature and life is felt perhaps most strongly in the open-ended nature of the collection that **'Extraña diversión'** provides. The customary references to Manolo's age are missing here, and all we know is that 'su aspecto era el de un hombre fatigado' (152), a description that could fit the protagonist before he left for Europe (aged eighteen) or after he returned to Lima full of optimism at the end of **'Dos indios'** (aged twenty-two). The story closes with the convergence of several of the themes explored throughout the collection: communication is reduced to a mechanistic 'un-dos-un-dos-un-dos' (154) as schoolgirls practice a march, and the location of the school, adjacent to a lunatic asylum in which Manolo finally feels at home, reminds the reader that the protagonist's problems stem from his difficulty in conforming to social convention, specifically in relation to the treatment of his first girlfriend. Open endings and the active engagement of the reader were flagged as characteristics of the modern Latin American short story, and both of these come to the fore in **'Extraña diversión'**, in which readers must decide, on the basis of their interpretation of the stories and their own experiences, the fate of Manolo and the sense of the collection as a whole. Has he gone to Europe to recover from a breakdown induced by Lima's social conventions, returning to make sense of his adolescent years through the writing of the stories, or is his breakdown brought about by his return and a recognition that he can never fit in with mainstream society? Does *Huerto cerrado* chart the triumph of an individual's ideals in the face of social convention, or do forces such as machismo, racism and a rigid social hierarchy ultimately prove too much to bear?

Chronology

1939   Alfredo Bryce Echenique born in Lima into a family of the old oligarchy, with a viceroy and a Peruvian President (José Rufino Echenique: 1851–55) among his ancestors. The family was well established in the world of banking, but had suffered a decline of fortunes.

1942   Bryce entered the first of a series of English and North American schools in Chosica, Lima, and Los Ángeles. Secured a place at Cambridge to study literature in his late teens, but paternal pressure to study law meant that this place was never taken up.

1948   General Manual Odría came to power by military coup and ruled for 8 years. His period of government favoured the elite and saw an increase in US influence in Peru. Attempted to woo the masses through populist measures similar to those employed by Perón in Argentina.

1957   Bryce studied a Law degree at la Universidad de San Marcos (Lima), in line with paternal desires. At the same time also followed a degree in *Letras*, graduating in both in 1962.

1963   Bryce presented *tesis de bachiller* on 'La función del diálogo en la narrativa de Ernest Hemingway'. Won a grant to study in the Sorbonne, but practised briefly as a lawyer in Lima.

1963   Fernando Belaúnde Terry's Acción Popular narrowly won elections from Víctor Raúl Haya de la Torre, leader of Alianza Popular Revolucionaria Americana (APRA). Key issues of this period were how to deal with mass migration from the Andes to the coast, especially Lima, and how to meet the needs of the masses within social and political structures designed by and for the elite.

1964   Bryce left Peru for Paris, where he hoped to become a writer. As well as writing his first stories, started work on his doctoral thesis (on the theatre of Henri de Montherlant).

1968   *Huerto cerrado*, Bryce's first collection of short stories, entered for the Casa de las Américas prize, winning a *mención honrosa*.

1968   Belaúnde Terry overthrown in bloodless coup by military leaders who formed the left-leaning *Gobierno Revolucionario de las Fuerzas Armadas*, in power until 1980. This government sought to promote the rights and values of the poor indigenous and *mestizo* population.

1969   Bryce started work at the Université de Nanterre, lecturing on Latin American literature. Continued to lecture until 1985, first in Vincennes and (from 1980) in Montpellier.

1970   Bryce published *Un mundo para Julius*, a leading candidate for the prestigous Seix-Barral prize. The prize was never awarded following a split in the publishing house, but the novel was well received both in Europe and in Peru.

1972   Returned to Peru for the first time since 1964. *Un mundo para Julius* was interpreted as part of the social revolution that the country was experiencing and Bryce was awarded the *Premio nacional de literatura*.

1974   Published *La felicidad, ja ja*, another collection of short stories, many of which deal with the difficulty of achieving happiness in an environment dominated by social decay.

1977   Published *Tantas veces Pedro*, a novel in which the happiness of the individual once again proves elusive, and in which narrative experimentation comes to the fore. Awarded PhD.

1980   Belaúnde returned to power in first elections for 12 years and adopted right-wing economic policies. Sendero Luminoso emerged as an insurgent movement.

1981   Bryce published *La vida exagerada de Martín Romaña*, the first volume of the diptych *Cuadernos de navegación en un sillón Voltaire*. The second volume, *El hombre que hablaba de Octavia de Cádiz*, appeared in 1984. Both novels deal to some degree with the question of identity and are characterised by a readiness to experiment with narrative form.

1985   Alán García elected as first APRA president. Attempted to reduce dependence on US and international finance system, but hyperinflation resulted. Corruption and misgovernment also serious problems, and Sendero Luminoso became a serious threat to the state, effectively controlling large areas of the country.

1986   Bryce published *Magdalena peruana*, a collection of short stories in which an idealised past is evoked. Gave up lecturing to concentrate on his writing and moved to Barcelona.

1987   Visiting Professor at University of Texas, Austin. Travelled extensively as a visiting lecturer to universities in the United States and Latin America over the following five years. Continued to publish numerous articles in the Spanish and Latin American media.

1988   Published the novella *La última mudanza de Felipe Carrillo*, which marked a return to Peru in terms of setting and a return to a more traditional narrative. Moved to Madrid.

1990   Published *Dos señoras conversan*, consisting of three novellas which continue the use of Peruvian settings and themes.

1990   Alberto Fujimori defeated renowned author Mario Vargas Llosa in presidential elections to become Peru's first non-white president. Implemented austerity measures that curbed hyperinflation but brought widespread misery. Sendero Luminoso continued to grow as a brutal revolutionary movement, increasingly present in Lima's shantytowns.

1992   Abimael Guzmán, leader of Sendero Luminoso, captured in Lima, leading to a drastic improvement in the security situation. With the support of the military, Fujimori staged a coup that kept him in power while shutting down all political institutions.

1993   Bryce published *Permiso para vivir (antimemorias)*, a blend of autobiography and memoirs.

1995   Published *No me esperen en abril*, a novel that marked a return to the setting of Lima and the style of *Un mundo para Julius*. Named *Chevalier de l'ordre des lettres et des arts* by French Ministry of Culture. Bryce's *Cuentos completos* published by Alfaguara.

1995   Fujimori begins second term after changing the constitution to allow re-election.

1998   Bryce won Spain's *Premio nacional de narrativa* for the novel *Reo de nocturnidad* (1997), and also published *La amigdalitis de Tarzán*.

1999   Moved back to Peru and published another collection of short stories, *Guía triste de París*.

2000   Fujimori elected for a third time, but fled to Japan following a massive corruption scandal.

2001   Alejandro Toledo won elections and became Peru's first indigenous president.

2002   Bryce won Spain's *Premio Planeta* for his novel *El huerto de mi amada*. Moved back to Barcelona.

2005   Published *Permiso para sentir*, a further collection of 'antimemorias', characterised by nostalgia and the author's feelings for the Peru he left behind four decades before.

Bibliography

Allen, Walter, *The Short Story in English* (Oxford: Clarendon, 1981).

Arguedas, José María, *Los ríos profundos* (Madrid: Cátedra, 1998 [1958]).

Bayly, Jaime, *No se lo digas a nadie* (Barcelona: Seix Barral, 1994).

Bryce Echenique, Alfredo, 'Función del diálogo en la narrativa de Ernest Hemingway' (unpublished *tesis de bachiller*, Universidad Nacional Mayor San Marcos, Lima, 1963).

Bryce Echenique, Alfredo, 'Con Jimmy, en Paracas', *Amaru* (Lima), 4 (1967), 46–50.

Bryce Echenique, Alfredo, *Huerto cerrado* (La Habana: Casa de las Américas, 1968).

Bryce Echenique, Alfredo, *Cuentos completos, 1964–1974* (Madrid: Alianza Editorial, 1981).

Bryce Echenique, Alfredo, 'Confesiones sobre el arte de vivir y escribir novelas', *Cuadernos hispanoamericanos*, 417 (1985), 65–76.

Bryce Echenique, Alfredo, *Permiso para vivir (antimemorias)* (Barcelona: Anagrama, 1993).

Bryce Echenique, Alfredo, *Un mundo para Julius* (Madrid: Cátedra, 1993 [1970]).

Bryce Echenique, Alfredo, *Cuentos completos* (Madrid: Alfaguara, 1995).

Bryce Echenique, Alfredo, *El huerto de mi amada* (Barcelona: Planeta, 2002).

Bryce Echenique, Alfredo, *Permiso para sentir (antimemorias)* (Lima: PEISA, 2005).

Cornejo Polar, Antonio, 'Profecía y experiencia del caos: la narrativa peruana de las últimas décadas', in Karl Kohut, José Morales Saravia and Sonia V. Rose (eds), *Literatura peruana hoy: crisis y creación* (Frankfurt am Main: Vervuert Verlag / Madrid: Iberoamericana, 1998), pp. 23–34.

Delgado, Washington, '*Un mundo para Julius* de Alfredo Bryce', *Creación y crítica* (Lima) 7 (1971), 13–14.

Ferreira, César, 'Los cuentos de Alfredo Bryce Echenique', in César Ferreira and Ismael P. Márquez (eds), *Los mundos de Alfredo Bryce Echenique (textos críticos)* (Lima: Pontificia Universidad Católica del Perú, 1994), pp. 85–96.

Ferreira, César and Márquez, Ismael P. (eds), *Los mundos de Alfredo Bryce Echenique (textos críticos)* (Lima: Pontificia Universidad Católica del Perú, 1994).

Fuente, José Luis de la, *Más allá de la modernidad: los cuentos de Alfredo Bryce Echenique* (Valladolid: Universidad de Valladolid, 1998).

González, Aníbal, *Journalism and the Development of the Spanish-American Narrative* (Cambridge: Cambridge University Press, 1993).

Hegstrom Oakey, Valerie, 'The *Bildung* of Manolo and his narrator in Alfredo Bryce Echenique's *Huerto cerrado*', in César Ferreira and Ismael P. Márquez (eds), *Los mundos de Alfredo Bryce Echenique (textos críticos)* (Lima: Pontificia Universidad Católica del Perú, 1994), pp. 97–116.

Higgins, James, *Lima, a Cultural and Literary History* (Oxford: Signal Books, 2005).

Holligan de Díaz-Limaco, Jane, *Peru in Focus: A Guide to the People, Politics and Culture* (London: Latin America Bureau, 1998).

Jara, Cronwell, *Patíbulo para un caballo* (Lima: Mosca Azul Editores, 1989).

Kristal, Efraín, 'Del indigenismo a la narrativa urbana en el Perú', *Revista de crítica literaria latinoamericana*, 27 (1988), 57–74.

Lagmanovich, David, *Estructura del cuento hispanoamericano* (Veracruz: Cuadernos del CIL-L Universidad Veracruzana, 1989).

Lizardi, José Joaquín Fernández de, *El periquillo sarniento* (Mexico City: Porrúa, 1965 [1816]).

Mora, Gabriela, '*Huerto cerrado* de Alfredo Bryce Echenique, colección integrada, cíclica y secuencial de cuentos', *Revista canadiense de estudios hispánicos*, 16 (1992), 319–28.

Ortega, Julio, *El hilo del habla, la narrativa de Alfredo Bryce Echenique* (Guadalajara, Mexico: Universidad de Guadalajara, 1994).

Pollmann, Leo, 'Función del cuento latinoamericano', *Revista Iberoamericana*, 118–19 (1982), 207–15.

Reid, Ian, *The Short Story* (London: Methuen, 1977).

Rudolph, James, *Peru: The Evolution of a Crisis* (Westport: Praeger, 1992).

Salazar Bondy, Sebastián, *Lima la horrible* (Mexico City: Era, 1964).

Sánchez León, Abelardo, *La soledad del nadador* (Lima: Peisa, 1996).

Starn, Orin; Degregori, Carlos Iván and Kirk, Robin (eds), *The Peru Reader* (London: Duke University Press, 1995).

Wood, David, 'Interview in Lima with Alfredo Bryce Echenique' (unpublished, 1999).

Wood, David, *The Fictions of Alfredo Bryce Echenique* (London: King's College London Hispanic Series, 2000).

Huerto cerrado

A Mercedes y Antonio **Linares, por amigos**

'Dos indios'

Hacía cuatro años que Manolo había salido de Lima, su ciudad natal. Pasó primero un año en Roma, luego, otro en Madrid, un tercero en París, y finalmente había regresado a Roma. ¿Por qué? Le gustaban esas hermosas artistas en las películas italianas, pero desde que llegó no ha ido al cine. Una tía vino a radicarse hace años, pero nunca la ha visitado y ya perdió la dirección. Le gustaban esas revistas italianas con muchas fotografías en colores; o porque cuando abandonó Roma la primera vez, hacía calor como para quedarse sentado en un café, y le daba tanta flojera tomar el tren. No sabía explicarlo. No hubiera podido explicarlo, pero en todo caso, no tenía mayor[1] importancia.

Cuando salió del Perú, Manolo tenía dieciocho años y sabía tocar un poco la guitarra. Ahora al cabo de casi cuatro años en Europa, continuaba tocando un poco la guitarra. De vez en cuando escribía unas líneas a casa, pero ninguno de sus amigos había vuelto a saber de él; ni siquiera aquel que cantó y lloró el día de su despedida.

El rostro de Manolo era triste y sombrío como un malecón en invierno. Manolo no bailaba en las fiestas: era demasiado alto. No hacía deportes: era demasiado flaco, y sus largas piernas estaban mejor bajo gruesos pantalones de franela. Alguien le dijo que tenía manos de artista, y desde entonces las llevaba ocultas en los bolsillos. Le quedaba mal reírse: la alegre curva que formaban sus labios no encajaba en aquel rostro sombrío. Las mujeres, hasta los veinte años, lo encontraban bastante ridículo; las de más de veinte, decían que era un hombre interesante. A sus amigos les gustaba palmearle el hombro. Entre **el criollismo limeño**, hubiera pasado por un **cojudote**.

Yo acababa de llegar a Roma cuando lo conocí, y fue por la misma razón por la que todos los peruanos se conocen en el extranjero: porque son peruanos. No recuerdo el nombre de la persona que me lo presentó, pero aún tengo la impresión de que trataba de deshacerse de mí llevándome a

---

1 'no tenía importancia' in Alf; 'no tenía mayor importancia' in AE and P&J.

aquel café, llevándome donde Manolo.

—Un peruano —le dijo. Y agregó—: Los dejo; tengo mucho que hacer —desapareció.

Manolo permaneció inmóvil, y tuve que inclinarme por encima de la mesa para alcanzar su mano.

—Encantado.

—Mucho gusto —dijo, sin invitarme a tomar asiento, pero alzó el brazo al mozo, y le pidió otro café. Me senté, y permanecimos en silencio hasta que nos atendieron.

—¿Y el Perú? —preguntó, mientras el mozo dejaba mi taza de café sobre la mesa.

—Nada —respondí—. Acabo de salir de allá y no sé nada. A ver si ahora que estoy lejos empiezo a enterarme de algo.

—Como todo el mundo —dijo Manolo, bostezando.

Nos quedamos callados durante una media hora, y bebimos el café cuando ya estaba frío. Extrajo un paquete de cigarrillos de un bolsillo de su saco, colocó uno entre sus labios, e hizo volar otro por encima de la mesa: lo emparé. «Muchas gracias; mi primer cigarrillo italiano.» Cada uno encendió un fósforo, y yo acercaba mi mano hasta su cigarrillo, pero él ya lo estaba encendiendo. No me miró; ni siquiera dijo «gracias»; dio una pitada, se dejó caer sobre el espaldar de la silla, mantuvo el cigarrillo entre los labios, cerró los ojos, y ocultó las manos en los bolsillos de su pantalón. Pero yo quería hablar.

—¿Viene siempre a este café?

—Siempre —respondió, pero ese siempre podía significar todos los días, de vez en cuando, o sabe Dios qué.

—Se está bien aquí —me atreví a decir. Manolo abrió los ojos y miró alrededor suyo.

—Es un buen café —dijo—. Buen servicio y buena ubicación. Si te sientas en esta mesa mejor todavía: pasan mujeres muy bonitas por esta calle, y de aquí las ves desde todos los ángulos.

—O sea, de frente, de perfil, y de culo —aclaré. Manolo sonrió y eso me dio ánimos para preguntarle—: ¿Y te has enamorado alguna vez?

—Tres veces —respondió Manolo, sorprendido—. Las tres en el Perú, aunque la primera no cuenta: tenía diez años y me enamoré de **una monja que era mi profesora**. Casi me mato por ella —se quedó pensativo.

—¿Y te gustan las italianas?

—Mucho —respondió—, pero cuando estoy sentado aquí sólo me gusta verlas pasar.

—¿Nada te movería de tu asiento?

—En este momento mi guitarra —dijo Manolo, poniéndose de pie y dejando caer dos monedas sobre la mesa.

—Deja —exclamé, mientras me paraba e introducía la mano en el bolsillo: buscaba mi dinero.

Manolo señaló el precio del café en una lista colgada en la pared, volvió la mirada hacia la mesa, y con dedo larguísimo golpeó una vez cada moneda. Sentí lo ridículo e inútil de mi ademán, una situación muy incómoda, realmente no podía soportar su mirada, y estábamos de pie, frente a frente, y continuaba mirándome como si quisiera averiguar qué clase de tipo era yo.

—¿Tocas la guitarra? —escuché mi voz.

—Un poco —dijo, como si no quisiera hablar más de eso.

Abandonamos el café, y caminamos unos doscientos metros hasta llegar a una esquina.

—Soy un pésimo guía para turistas —dijo—. Si vas por esta calle, me parece que encontrarás algo que vale la pena ver, y creo que hasta un museo. Soy un pésimo guía —repitió.

—Soy un mal turista, Manolo. Además, no me molesta andar medio perdido.

—Podemos vernos mañana, en el café —dijo.

—¿A las cinco de la tarde?

—Bien —dijo, estrechándome la mano al despedirse. Iba a decirle «encantado», pero avanzaba ya en la dirección contraria.

Al día siguiente, me apresuré en llegar puntual a nuestra cita. Entré al café minutos antes de las cinco de la tarde, y encontré a Manolo, las manos en los bolsillos, sentado en la misma mesa del día anterior. Tenía una copa de vino delante suyo, y el cenicero lleno de colillas indicaba que hacía bastante rato que había llegado. Me senté.

—¿Qué tal si tomamos vino, en vez de café? —preguntó.

—Formidable.

—Mozo —llamó—. Mozo, un litro de vino rojo.

—Sí, señor.

—Rojo —repitió con energía—. ¿Te gustan las artistas italianas? —sonreía.

—Me encantan. ¿Qué te parece si vamos un día a Cinecittà?[2]

—Eso de ir hasta allá —dijo Manolo, y su entusiasmo se vino abajo

[2] Cinecittà: cinema studios and production complex on the outskirts of Rome.

fuerte y pesadamente como un tablón.

—Tienes razón —dije—. Ya pasará alguna por aquí.

—Se está bien en este café —dijo, mirando alrededor suyo—. Tiene que pasar alguna.

—Y la guitarra, ¿qué tal?

—Como siempre: bien al comienzo, luego me da hambre, y después de la comida me da sueño. Cojo nuevamente la guitarra ... La guitarra es mi somnífero.

Trajeron el vino, y llené ambas copas, pues Manolo, pensativo, no parecía haber notado la presencia del mozo. «Salud», dije, y bebí un sorbo mientras él alargaba lentamente el brazo para coger su copa. Era un hermoso día de sol, y ese vino, ahí, sobre la mesa, daba ganas de fumar y de hablar de cosas sin importancia.

—No está mal —dijo Manolo. Miraba su copa y la acariciaba con los dedos.

—Me gusta —afirmé—. ¡Salud!

—Salud —dijo; bebió un trago, tac, la copa sobre la mesa, cerró los ojos, y la mano nuevamente al bolsillo.

Estuvimos largo rato bebiendo en silencio. Era cierto lo que me había dicho: por esa calle pasaban mujeres muy hermosas, pero él no parecía prestarles mayor atención. Sólo de rato en rato, abría los ojos como si quisiera comprobar que yo seguía ahí: bebía un trago, me miraba, luego a la botella, volvía a mirarme ...

—Me gusta mucho el vino, Manolo. Terminemos esta botella; la próxima la invito yo.

—Bien —dijo, sonriente, y llenó nuevamente ambas copas.

Aún no habíamos terminado la primera botella, pero el mozo pasó a nuestro lado, y aprovechamos la oportunidad para pedir otra.

—Y tú, ¿qué tal ayer? —preguntó Manolo.

—Nada mal. Caminé durante un par de horas, y sin saberlo llegué a un cine en que daban una película peruana.

—¿Peruana? —exclamó Manolo sorprendido.[3]

—Peruana. Para mí también fue una sorpresa.

—Y ¿qué tal? ¿De qué trataba?

—Llegué muy tarde y estaba cansado —dije, excusándome—. Me gustaría volver ... Creo que era la historia de dos indios.

—¡Dos indios! —exclamó Manolo, echando la cabeza hacia atrás—.

---

[3] 'muy sorprendido' in P&J.

Eso me recuerda algo ... Pero, ¿a qué demonios? Dos indios —repitió, cerrando los ojos y manteniéndolos así durante algunos minutos.

Vaciamos nuestras copas. Habíamos terminado la primera botella, y estábamos bebiendo ya de la segunda. Hacía calor. Yo, al menos, tenía mucha sed.

—Tengo que recordar lo de los indios.

—Ya vendrá; cuando menos lo pienses.[4]

—¡Nunca puedo acordarme de las cosas! Y cuando bebo es todavía peor. Es el trago: me hace perder la memoria,[5] y mañana no recordaré lo que estoy diciendo ahora. ¡Tengo una memoria campeona!

Manolo parecía obsesionado con algo, y hacía un gran esfuerzo por recordar. Bebíamos. La segunda botella se terminaría pronto, y la tercera vendría con la puesta del sol y los cigarrillos, con los indios de Manolo, y con mi interés por saber algo más sobre él.

—¡Salud!

—No pidas otra —dijo Manolo—. Sale muy caro. Vamos al mostrador; allá los tragos son más baratos.

Nos acercamos al mostrador y pedimos más vino. A mi lado, Manolo permanecía inmóvil y con la mirada fija en el suelo. No lograba verle la cara, pero sabía que continuaba esforzándose por recordar.

—¡Siempre me olvido de las cosas! —sus dientes rechinaron, y sus manos, muy finas, parecían querer hundir el mostrador; tal era la fuerza con que las apoyaba.

—Manolo, pero ...

—Siempre ha sido así; siempre será así, hasta que me quede sin pasado.

—Ya vendrá ...

—¿Vendrá? Si sintieras lo que es no poder recordar algo; es mil veces peor que tener una palabra en la punta de la lengua; es como si tuvieras toda una parte de tu vida en la punta de la lengua, ¡o sabe Dios dónde! ¡Salud!

Estuvo largo rato sin hablarme. Miré hacia un lado, vi la puerta del baño, y sentí ganas de orinar. «Ya vengo, Manolo.» En el baño no había literatura obscena: olía a pintura fresca, y me consolaba pensando que hubiera sido la misma que en cualquier otro baño del mundo: «Los hombres cuando quieren ser groseros son como esos perros que se paran en dos

---

[4] cuando menos lo pienses: when you least expect it.
[5] 'me hacer perder la memoria' in AE and P&J.

patas; como todos los demás perros». Pensé nuevamente en Manolo, y salí del baño para volver a su lado. Todas las mesas del café estaban ocupadas, y me pareció extraño oír hablar en italiano. «Estoy en Roma», me dije. «Estoy borracho.» Caminé hasta el mostrador, adoptando un aire tal de dignidad y de sobriedad, que todo el mundo quedó convencido de que era un extranjero borracho.

—Aquí me tienes, Manolo.

Volteó a mirarme y noté que tenía los ojos llenos de lágrimas. «Le está dando la llorona. Me fregué.» Puso la mano sobre mi hombro. «Toca un poco la guitarra.» Me estaba mirando.

—Sólo he amado una vez en mi vida ...

—¡Uy!, compadre. A usted sí que el trago le malogra la cabeza. Ayer me contaste que te has enamorado dos veces; dos, si descontamos a la monjita.

—No se trata de eso ... Esta muchacha no quiso, o no pudo quererme.

—¿Cómo fue lo de la monja? Eso de intentar matarse por una monja debe ser para cagarse de risa.

—¡No jodas!

—Está bien, Manolo. Estaba bromeando; creí que así todo sería mejor.

También yo empezaba a entristecer. Sería tal vez que me sentía culpable por haberlo hecho beber tanto, o que lo estaba recordando ayer, hace unas horas, tan indiferente, como oculto en su silla, y escondiendo las manos en los bolsillos entre cada trago. Ya no se acordaba de sus manos, una sobre mi hombro con los dedos tan largos cada vez que la miraba de reojo, y la otra, flaca, larga, desnuda sobre el mostrador, los dedos nerviosos, y se comía las uñas. Puse la mano sobre su hombro.

—¿Qué pasó con esa muchacha? ¿Te dejó plantado?[6]

—Eso no es lo peor —dijo Manolo—. Ni siquiera se trata de eso. Lo peor es haber olvidado ... No sé cómo empezar ... Hubo un día que fue perfecto, ¿comprendes? Un momento. Un instante ... No sé cómo explicarte ... No me gustan los museos, pero ella llegó a París y yo la llevaba todas las tardes a visitar museos ...

—¿Fue en París? —pregunté tratando de apresurar las cosas.

—Sí —dijo Manolo—. Fue en París —mantenía su mano apoyada en mi hombro—. La guitarra ... No es verdad ... No la tengo ... La ...

—Vendiste, para seguir invitándola. ¡Salud!

—Salud. Era linda. Si la vieras. Tenía un perfil maravilloso. La hubieras

[6] ¿Te dejó plantado?: Did she stand you up?

visto ... Se reía a carcajadas y decía que yo estaba loco. Yo bebía mucho ... Era la única manera ... Dicen que soy un poco callado, tímido ... Se reía a carcajadas y yo le pedí que se casara conmigo. Hubieras visto lo seria que se puso ...

Se golpeaba la frente con el puño como golpeamos un radio a ver si suena. Ya no nos mirábamos; no volteábamos nunca para no vernos. Todo aquello era muy serio. Sentía el peso de su mano sobre mi hombro, y también yo mantenía mi mano sobre su hombro. Todo aquello tenía algo de ceremonia.

—Es como lo de los indios —dijo Manolo—. Jamás podré acordarme.

—¿Acordarte de qué, Manolo?

—Los recuerdos se me escapan como un gato que no se deja acariciar.

—Poco a poco, Manolo.

—Un día —continuó—, ella me pidió que la llevara a Montmartre;[7] ella misma me pidió que la llevara ... Me hubieras visto; ¡ay caray! La hubieras visto ... Morena ... Sus ojazos negros ... Su nombre se me atraca en la garganta; cuando lo pronuncio se me hace un nudo, y todo se detiene en mí. Es muy extraño; es como si todo lo que me rodea se alejara de mí ...

—En Montmartre —dije, como si lo estuviera llamando.

—Yo estaba feliz. Nunca me he reído tanto. Ella me decía que parecía un payaso, y yo la hacía reír a carcajadas, y le decía que sí, que era el bufón de la reina, y que ella era una reina. Y ella se paraba así, y se ponía la mano aquí, y se reía a carcajadas. Entramos en un café. Vino y limonada. Vino para mí. Hablábamos. Ella tenía un novio. Había venido a pasear, pero iba a regresar donde el novio. Cuando hablábamos de amor, hablábamos solamente del mío, de mi amor ... Amaba la forma de sus labios dibujada en el borde de su vaso. Empezaba a amar tan sólo aquellas cosas que podían servirme de recuerdo. Ahora que pienso, todo eso era bien triste ... La música. Conocíamos todas las canciones, y empezábamos a estar de acuerdo en casi todo lo que decíamos ... Estaba contenta. Muy contenta. No quería irse. El perfil. Su perfil. Yo estaba mirando su perfil ... Lo recuerdo. Lo veo ... De eso me acuerdo. Hasta ahí. Hasta ese instante. Y ella empezó a hablar: «Eres un hombre ...». ¿Qué más ...? ¿Qué más ...?

—Comprendo, Manolo. Comprendo. Te gustan tus recuerdos y por eso te gusta pasar las horas sentado en un café. Si tu recuerdo está allí, presente, todo va bien. Pero si los recuerdos empiezan a faltar, y si no hay nada más ...

---

[7] Montmartre: district of Paris centred on a hill, strongly associated with artists.

—¡Exacto! —exclamó Manolo—. Es el caso de esas palabras. Me he olvidado de esas palabras, y son inolvidables porque creo que me dijo … ¡No, no sé!

—¿Y lo de los indios?

Manolo me miró fijamente y sonrió. La ceremonia había terminado, y bajamos nuestros brazos. Aún había vino en las copas, y terminarlo fue cosa de segundos. Podríamos haber estado más borrachos.

—Paguemos —dijo Manolo—. En mi casa tengo más vino, y puedes quedarte a dormir, si quieres.

—Formidable.

Sonreíamos al pagar la cuenta. Sonreíamos también mientras nos tambaleábamos hasta la puerta del café. Creo que eran las once de la noche cuando salimos.

Creo que fue una caminata de borrachos. Orinamos una o dos veces en el trayecto, y me parece haber dicho «ningún peruano mea solo», y que a Manolo le hizo mucha gracia. Después de eso, ya estábamos en su cuarto. No encendimos la luz. Nos dejamos caer, él en una cama, y yo sobre un colchón que había en el suelo.

—Una botella para ti, y otra para este hombre —dijo Manolo.

—Gracias.

Abrir las botellas fue toda una odisea. Nuevamente fumábamos, bebíamos, y yo empecé a sentir sueño, pero no quería dormirme.

—La historia de la monja, Manolo —dije—. Debe ser muy graciosa.

—También un día me costó trabajo acordarme de eso. Es un recuerdo de cuando era chico; tenía diez años y estaba en un colegio de monjas. Había una que me traía loco. Un día me castigó y era para pegarse un tiro. Quise vengarme, y rompí un florero que estaba siempre sobre una mesa, en la clase, pero nunca falta un hijo de puta que viene a decirte que la madre lo guardaba como recuerdo de no sé quién. Me metieron el dedo;[8] me dijeron que la monja había llorado, y me entró tal desesperación, que me trepé al techo del colegio. Te juro que quería arrojarme.

—¿Y?

—Nada: era la hora de tomar el ómnibus para regresar a casa, y bajé corriendo para no perderlo. A esa edad lo único que uno sabe es que no se va a morir nunca.

—Y que no debe perder el ómnibus —agregué, riéndome.

—¡El ómnibus! —exclamó Manolo—. Espérate … Eso me recuerda

---

[8] Me metieron el dedo: They really hurt me.

... ¡Los indios! Los dos indios. ¡Espérate ...! Lentamente ... Desde el comienzo. Déjame pensar ...

Sentía que el sueño me vencía. El sueño y el vino y los cigarrillos. Encendí otro cigarrillo, y empecé a llevar la cuenta de las pitadas para no dormirme.

—El ómnibus del colegio me llevaba hasta mi casa —dijo Manolo—. Llegaba siempre a la hora del té ... Sí, ya voy recordando ... Sí, ahora voy a acordarme de todo ... Había una construcción junto a mi casa ... Pero, ¿los dos indios ...? No, no eran albañiles ... Espérate ... No eran albañiles ... Recuerdo hasta los nombres de los albañiles ... Sí: el Peta; Guardacaballo; **Blanquillo, que era hincha de la «U»**; el **maestro** Honores, era buena gente, pero con él no se podía bromear ... Los dos indios ... No. No trabajaban en la construcción ... ¡Ya! ¡Ya me acuerdo! ¡Claro! Eran amigos del guardián, que también era serrano. Sí. ¡Ya me acuerdo! Pasaban el día encerrados, y cuando salían, era para que los albañiles los batieran: «**chutos**», «**serruchos**», les decían. Pobres indios ...

Me quemé el dedo con el cigarrillo. Estaba casi dormido. «Basta de fumar», me dije. Sobre su cama, Manolo continuaba armando su recuerdo como un rompecabezas.

—Tomaba el té a la carrera —las palabras de Manolo parecían venir de lejos—. Escondía varios panes con mantequilla en mi bolsillo, y corría donde los indios. Ahora lo sé todo. Recuerdo que los encontraba siempre sentados en el suelo, y con la espalda apoyada en la pared. Era un cuarto oscuro, muy oscuro, y ellos sonreían al verme entrar. Yo les daba panes, y ellos me regalaban cancha.[9] **Me gusta la cancha con cebiche.** Los indios ... Los indios ... Hablábamos. Qué diferentes eran a los indios de los libros del colegio; hasta me hicieron desconfiar. Éstos no tenían gloria, ni imperio, ni catorce incas.[10] Tenían la ropa vieja y sucia, unas uñas que parecían de cemento, y unas manos que parecían de madera. Tenían, también, aquel cuarto sin luz y a medio construir. Allí podían vivir hasta que estuviera listo para ser habitado. Me tenían a mí: diez años, y los bolsillos llenos de panes con mantequilla. Al principio eran mis héroes; luego, mis amigos, pero con el tiempo, empezaron a parecerme dos niños. Esos indios que podían ser mis padres. Sentados siempre allí, escuchándome. Cualquier cosa que les contara era una novedad para ellos. Recuerdo que a las siete de la noche, regresaba a mi casa. Nos dábamos la mano. Tenían manos de

---

[9] cancha: fried maize, a typical food of the Andes.
[10] catorce incas: as every Peruvian schoolchild learns at a young age, there were fourteen leaders of the Inca civilisation before it was destroyed by the Spanish.

madera. «Hasta mañana.» Así, durante meses, hasta que los dejé de ver. Yo partí. Mis padres decidieron mudarse de casa. ¿Qué significaría para ellos que yo me fuera? Estoy seguro de que les prometí volver, pero me fui a vivir muy lejos y no los vi más. Mis dos indios ... En mi recuerdo se han quedado, allí, sentados en un cuarto oscuro, esperándome ... Voy a ...

Eran las once de la mañana cuando me desperté. Manolo dormía profundamente, y junto a su cama, en el suelo, estaba su botella de vino casi vacía. «Sabe Dios hasta qué hora se habrá quedado con su recuerdo», pensé. Mi botella, en cambio, estaba prácticamente llena, y había puchos y cenizas dentro y fuera del cenicero. «Me siento demasiado mal, Manolo. Hoy no puedo ocuparme de ti.» Me dolía la cabeza, me ardía la garganta, y sentía la boca áspera y pastosa. Todo era un desastre en aquel pequeño y desordenado cuarto de hotel. «He fumado demasiado. Tengo que dejar de fumar.» Cogí un cigarrillo, lo encendí, ¡qué alivio! El humo, el sabor a tabaco, ese olor: era un poco la noche anterior, el malsano bienestar de la noche anterior, y ya podía pararme. Manolo no me sintió partir.

Pasaron tres días sin que lo viera. No estaba en el café; no estaba tampoco en su hotel. Lo buscaba por todas partes. «Lo habrá ligado un lomito italiano»,[11] me decía riéndome al imaginarlo en tales circunstancias. Finalmente apareció: regresaba a mi hotel una tarde, y encontré a Manolo parado en la puerta. Me esperaba impaciente.

—Te he estado buscando.

—Yo también, Manolo; por todas partes.

—Regreso al Perú —dijo, sonriente, y optimista. La sonrisa y el optimismo le quedaban muy mal.

—Cómo, ¿y las italianas?

—Déjate de cojudeces,[12] y dime cuánto vale un pasaje de regreso, en avión.

—Ni idea. Ni la menor idea.

—Cómo, ¡pero si tú acabas de viajar!

—Gratis.

—¿Gratis?

—Tengo una tía que es querida del gerente de una compañía de aviación.

—Guárdate tus secretos.

[11] lomito, el, diminutive of lomo, literally a fillet steak or choice piece of meat. Here means a girl with a good body. Such usage is typical of machismo, whereby women tend to be seen as sexual objects.
[12] Déjate de cojudeces: stop messing about.

—¿Por qué, Manolo? —dije, cogiéndole el brazo, y mirándolo a la cara—. ¿Por qué? Es una manera de tomar la vida: yo quería mucho a mi tía. Sin embargo, crecí para darme cuenta que era poco menos que una puta. No lo callo. Por el contrario, lo repito cada vez que puedo, y cada vez me da menos pena. Yo creo que ni me importa. A eso le llamo yo exorcismo.

—Y sacarle el pasaje gratis se llama inmundicia —agregó Manolo.

—Se llama el colmo del exorcismo —dije, con tono burlón.

—No me interesa —dijo Manolo—. Sólo me interesa regresar al Perú, y en este momento, voy a una agencia de viajes para averiguar los precios.

—Yo voy a pegarme un duchazo caliente.

—Bien. Estaré de regreso dentro de una hora, y comeremos juntos. Me ayudarás a hacer mis maletas.

—Sí, Manolo. Y llegado el gran día, te las cargaré hasta el avión —dije, con tono burlón.

—Creo que esto también se llama exorcismo —dijo Manolo, soltando la carcajada. Ya no le quedaba tan mal reírse. Partió.

«Piernas muy largas. Demasiado flaco. El saco le queda mal. Los pantalones muy cortos.» Veía a Manolo alejarse con dirección a la agencia de viaje. «Una espalda para ser palmeada.»

Entré. Mi hotel era pequeño y barato. Una escalera muy estrecha conducía hasta el tercer piso en que estaba mi habitación. Subía. «¿Por qué se va?» Aquella noche del vino y de los recuerdos había terminado demasiado pronto para mí. Me había dormido mientras Manolo continuaba hablando, seguro que entonces tomó su decisión, algo le oí decir, lo último, algo de que los indios se habían quedado sentados en un cuarto oscuro, «esperándome», creo que dijo.

'Con Jimmy, en Paracas'

Lo estoy viendo realmente; es como si lo estuviera viendo; allí está sentado, en el amplio comedor veraniego, de espaldas a ese mar donde había rayas, tal vez tiburones. Yo estaba sentado al frente suyo, en la misma mesa, y, sin embargo, me parece que lo estuviera observando desde la puerta de ese comedor, de donde ya todos se habían marchado, ya sólo quedábamos él y yo, habíamos llegado los últimos, habíamos alcanzado con las justas el almuerzo.

Esta vez me había traído; lo habían mandado sólo por el fin de semana, Paracas no estaba tan lejos:[1] estaría de regreso a tiempo para el colegio, el lunes. Mi madre no había podido venir; por eso me había traído. Me llevaba siempre a sus viajes cuando ella no podía acompañarlo y cuando podía volver a tiempo para el colegio. Yo escuchaba cuando le decía a mamá que era una pena que no pudiera venir, la compañía le pagaba la estadía, le pagaba hotel de lujo para dos personas. «Lo llevaré», decía, refiriéndose a mí. Creo que yo le gustaba para esos viajes.

Y a mí, ¡cómo me gustaban esos viajes! Esta vez era a Paracas. Yo no conocía Paracas, y cuando mi padre empezó a arreglar la maleta, el viernes por la noche, ya sabía que no dormiría muy bien esa noche, y que me despertaría antes de sonar el despertador.

Partimos ese sábado muy temprano, pero tuvimos que perder mucho tiempo en la oficina, antes de entrar en la carretera al sur. Parece que mi padre tenía todavía cosas que ver allí, tal vez recibir las últimas instrucciones de su jefe. No sé; yo me quedé esperándolo afuera, en el auto, y empecé a temer que llegaríamos mucho más tarde de lo que habíamos calculado.

Una vez en la carretera, eran otras mis preocupaciones. Mi padre manejaba, como siempre, despacísimo; más despacio de lo que mamá le había pedido que manejara. Uno tras otro, los automóviles nos iban dejando atrás, y yo no miraba a mi padre para que no se fuera a dar cuenta

[1] Paracas: a small resort situated on a bay in the desert 240 km south of Lima. A handful of second homes owned by Lima's wealthy elite are clustered around the Hotel Paracas.

de que eso me fastidiaba un poco, en realidad me avergonzaba bastante. Pero nada había que hacer, y el viejo Pontiac, ya muy viejo el pobre, avanzaba lentísimo, anchísimo, negro e inmenso, balanceándose como una lancha sobre la carretera recién asfaltada.

A eso de la mitad del camino, mi padre decidió encender la radio. Yo no sé qué le pasó; bueno, siempre sucedía lo mismo, pero sólo probó una estación, estaban tocando una guaracha,[2] y apagó inmediatamente sin hacer ningún comentario. Me hubiera gustado escuchar un poco de música, pero no le dije nada. Creo que por eso le gustaba llevarme en sus viajes; yo no era un muchachillo preguntón; me gustaba ser dócil; estaba consciente de mi docilidad. Pero eso sí, era muy observador.

Y por eso lo miraba de reojo, y ahora lo estoy viendo manejar. Lo veo jalarse un poquito el pantalón desde las rodillas, dejando aparecer las medias blancas, impecables, mejores que las mías, porque yo todavía soy un niño; blancas e impecables porque estamos yendo a Paracas, hotel de lujo, lugar de veraneo, mucha plata y todas esas cosas. Su saco es el mismo de todos los viajes fuera de Lima, gris, muy claro, *sport*; es norteamericano y le va a durar toda la vida. El pantalón es gris, un poco más oscuro que el saco, y la camisa es la camisa vieja más nueva del mundo; a mí nunca me va a durar una camisa como le duran a mi padre.

Y la boina; la boina es vasca; él dice que es vasca de pura cepa. Es para los viajes; para el aire, para la calvicie. Porque mi padre es calvo, calvísimo, y ahora que lo estoy viendo ya no es un hombre alto. Ya aprendí que mi padre no es un hombre alto, sino más bien bajo. Es bajo y muy flaco. Bajo, calvo y flaco, pero yo entonces tal vez no lo veía aún así, ahora ya sé que sólo es el hombre más bueno de la tierra, dócil como yo, en realidad se muere de miedo de sus jefes; esos jefes que lo quieren tanto porque hace siete millones de años que no llega tarde ni se enferma ni falta a la oficina; esos jefes que yo he visto cómo le dan palmazos en la espalda y se pasan la vida felicitándolo en la puerta de la iglesia los domingos; pero a mí hasta ahora no me saludan, y mi padre se pasa la vida diciéndole a mi madre, en la puerta de la iglesia los domingos, que las mujeres de sus jefes son distraídas o no la han visto, porque a mi madre tampoco la saludan,[3] aunque a él, a mi padre, no se olvidaron de mandarle sus saludos y felicitaciones cuando cumplió un millón de años más sin enfermarse ni llegar tarde a la oficina, la vez aquella en que trajo esas fotos en que, estoy seguro, un jefe acababa de

---

[2] guaracha: popular musical form that originated in Cuba, fusing Spanish melodies and African rhythms.

[3] 'tampoco le saludan' in P&J.

palmearle la espalda, y otro estaba a punto de palmeársela; y esa otra foto en que ya los jefes se habían marchado del *cocktail*, pero habían asistido, te decía mi padre, y volvía a mostrarte la primera fotografía.

Pero todo esto es ahora en que lo estoy viendo, no entonces en que lo estaba mirando mientras llegábamos a Paracas en el Pontiac. Yo me había olvidado un poco del Pontiac, pero las paredes blancas del hotel me hicieron verlo negro, ya muy viejo el pobre, y tan ancho. «Adónde va a acabar esta mole», me preguntaba, y estoy seguro de que mi padre se moría de miedo al ver esos carrazos,[4] no lo digo por grandes, sino por la pinta. Si les daba un topetón, entonces habría que ver de quién era ese carrazo, porque mi padre era muy señor, y entonces aparecería el dueño, veraneando en Paracas con sus amigos, y tal vez conocía a los jefes de mi padre, había oído hablar de él, «no ha pasado nada, Juanito»[5] (así se llamaba, se llama mi padre), y lo iban a llenar de palmazos en la espalda, luego vendrían los aperitivos, y a mí no me iban a saludar, pero yo actuaría de acuerdo a las circunstancias y de tal manera que mi padre no se diera cuenta de que no me habían saludado. Era mejor que mi madre no hubiera venido.

Pero no pasó nada. Encontramos un sitio anchísimo para el Pontiac negro, y al bajar, así sí que lo vi viejísimo. Ya estábamos en el hotel de Paracas, hotel de lujo y todo lo demás. Un muchacho[6] vino hasta el carro por la maleta. Fue la primera persona que saludamos. Nos llevó a la recepción y allí mi padre firmó los papeles de reglamento, y luego preguntó si todavía podíamos «almorzar algo» (recuerdo que así dijo). El hombre de la recepción, muy distinguido, mucho más alto que mi padre, le respondió afirmativamente: «Claro que sí, señor. El muchacho lo va a acompañar hasta su *bungalow*,[7] para que usted pueda lavarse las manos, si lo desea. Tiene usted tiempo, señor; el comedor cierra dentro de unos minutos, y su *bungalow* no está muy alejado». No sé si mi papá, pero yo todo eso de *bungalow* lo entendí muy bien, porque estudio en colegio inglés y eso no lo debo olvidar en mi vida y cada vez que mi papá estalla, cada mil años, luego nos invita al cine, grita que hace siete millones de años que trabaja

---

[4] carrazos: augmentative form of 'carros', to highlight appearance rather than size.

[5] Juanito: although Manolo's father is short, the diminutive is as much a marker of his relative social status as his physical stature.

[6] muchacho: a marker of social status as much as of age.

[7] bungalow is italicized in P&J and placed in inverted commas in AE, but not set apart from the text in Alf. This, and other foreign words throughout the collection, are a marker of Manolo's isolation from the society in which he lives, and are flagged accordingly in this edition.

enfermo y sin llegar tarde para darle a sus hijos lo mejor, lo mismo que a los hijos de sus jefes.

El muchacho que nos llevó hasta el *bungalow* no se sonrió mucho cuando mi padre le dio la propina, pero ya yo sabía que cuando se viaja con dinero de la compañía no se puede andar derrochando, si no, pobres jefes, nunca ganarían un céntimo y la compañía quebraría en la mente respetuosa de mi padre, que se estaba lavando las manos mientras yo abría la maleta y sacaba alborotado mi ropa de baño. Fue entonces que me enteré, él me lo dijo, que nada de acercarme al mar, que estaba plagado de **rayas, hasta había tiburones.** Corrí a lavarme las manos, por eso de que dentro de unos minutos cierran el comedor, y dejé mi ropa de baño tirada sobre la cama. Cerramos la puerta del *bungalow* y fuimos avanzando hacia el comedor. Mi padre también, aunque menos, creo que era observador; me señaló la piscina, tal vez por eso de la ropa de baño. Era hermoso Paracas; tenía de desierto,[8] de oasis, de balneario; arena, palmeras, flores, veredas y caminos por donde chicas que yo no me atrevía a mirar, pocas ya, las últimas, las más atrasadas, se iban perezosas a dormir esa siesta de quien ya se acostumbró al hotel de lujo. Tímidos y curiosos, mi padre y yo entramos al comedor.

Y es allí, sentado de espaldas al mar, a las rayas y a los tiburones, es allí donde lo estoy viendo, como si yo estuviera en la puerta del comedor, y es que en realidad yo también me estoy viendo sentado allí, en la misma mesa, cara a cara a mi padre y esperando al mozo ese, que a duras penas contestó a nuestro saludo, que había ido a traer el menú (mi padre pidió la carta y él dijo que iba por el menú) y que según papá debería habernos cambiado de mantel, pero era mejor no decir nada porque, a pesar de que ése era un hotel de lujo, habíamos llegado con las justas para almorzar. Yo casi vuelvo a saludar al mozo cuando regresó y le entregó el menú a mi padre que entró en dificultades y pidió, finalmente, corvina[9] a la no sé cuántos, porque el mozo ya llevaba horas esperando. Se largó con el pedido y mi padre, sonriéndome, puso la carta sobre la mesa, de tal manera que yo podía leer los nombres de algunos platos, un montón de nombres franceses en realidad, y entonces pensé, aliviándome, que algo terrible hubiera podido pasar, como aquella vez en ese restaurante de tipo moderno, con un menú que parecía para norteamericanos, cuando mi padre me pasó la carta para

---

[8] 'desiertos' in P&J, perhaps from lack of familiarity with Peru's coastal geography, which consists primarily of a long desert strip punctuated with occasional river valleys.

[9] corvina: sea bass, widely considered one of the best (and most expensive) fish in Peru.

que yo pidiera, y empezó a contarle al mozo que él no sabía inglés, pero que a su hijo lo estaba educando en colegio inglés, a sus otros hijos también, costara lo que costara,[10] y el mozo no le prestaba ninguna atención, y movía la pierna porque ya se quería largar.

Fue entonces que mi padre estuvo realmente triunfal. Mientras el mozo venía con las corvinas a la no sé cuántos, mi padre empezó a hablar de darnos un lujo, de que el ambiente lo pedía, y de que la compañía no iba a quebrar si él pedía una botellita de vino blanco para acompañar esas corvinas. Decía que esa noche a las siete era la reunión con esos agricultores, y que le comprarían los tractores que le habían encargado vender; él nunca le había fallado a la compañía. En ésas estaba cuando el mozo apareció complicándose la vida en cargar los platos de la manera más difícil, eso parecía un circo, y mi padre lo miraba como si fuera a aplaudir, pero gracias a Dios reaccionó y tomó una actitud bastante forzada, aunque digna, cuando el mozo jugaba a casi tirarnos los platos por la cara, en realidad era que los estaba poniendo elegantemente sobre la mesa y que nosotros no estábamos acostumbrados a tanta cosa. «Un blanco no sé cuántos», dijo mi padre. Yo casi lo abrazo por esa palabra en francés que acababa de pronunciar, esa marca de vino, ni siquiera había pedido la carta para consultar, no, nada de eso; lo había pedido así no más, triunfal, conocedor, y el mozo no tuvo más remedio que tomar nota y largarse a buscar.

Todo marchaba perfecto. Nos habían traído el vino y ahora recuerdo ese momento de feliz equilibrio: mi padre sentado de espaldas al mar, no era que el comedor estuviera al borde del mar, pero el muro que sostenía esos ventanales me impedía ver la piscina y la playa, y ahora lo que estoy viendo es la cabeza, la cara de mi padre, sus hombros, el mar allá atrás, azul en ese día de sol, las palmeras por aquí y por allá, la mano delgada y fina de mi padre sobre la botella fresca de vino, sirviéndome media copa, llenando su copa, «bebe despacio, hijo», ya algo quemado por el sol, listo a acceder, extrañando a mi madre, buenísima, y yo ahí, casi chorreándome con el jugo ese que bañaba la corvina, hasta que vi a Jimmy. Me chorreé cuando lo vi. Nunca sabré por qué me dio miedo verlo. Pronto lo supe.

Me sonreía desde la puerta del comedor, y yo lo saludé, mirando luego a mi padre para explicarle quién era, que estaba en mi clase, etc.; pero mi padre, al escuchar su **apellido**, volteó a mirarlo sonriente, me dijo que lo llamara, y mientras cruzaba el comedor, que conocía a su padre, amigo

---

[10] costara lo que costara: whatever the cost might be.

de sus jefes, uno de los directores de la compañía, muchas tierras en esa región ...

—Jimmy, papá —y se dieron la mano.

—Siéntate, muchacho —dijo mi padre, y ahora recién me saludó a mí.

Era muy bello; Jimmy era de una belleza extraordinaria: rubio, el pelo en anillos de oro, los ojos azules achinados, y esa piel bronceada, bronceada todo el año, invierno y verano, tal vez porque venía siempre a Paracas. No bien se había sentado, noté algo que me pareció extraño: el mismo mozo que nos odiaba a mi padre y a mí, se acercaba ahora sonriente, servicial, humilde, y saludaba a Jimmy con todo respeto; pero éste, a duras penas le contestó con una mueca. Y el mozo no se iba, seguía ahí, parado, esperando órdenes, buscándolas, yo casi le pido a Jimmy que lo mandara matarse. De los cuatro que estábamos ahí, Jimmy era el único sereno.

Y ahí empezó la cosa. Estoy viendo a mi padre ofrecerle a Jimmy un poquito de vino en una copa. Ahí empezó mi terror.

—No, gracias —dijo Jimmy—. Tomé vino con el almuerzo —y sin mirar al mozo, le pidió un whisky.

Miré a mi padre: los ojos fijos en el plato, sonreía y se atragantaba un bocado de corvina que podía tener millones de espinas. Mi padre no impidió que Jimmy pidiera ese whisky, y ahí venía el mozo casi bailando con el vaso en una bandeja de plata, había que verle sonreírse al hijo de puta. Y luego Jimmy sacó un paquete de Chesterfield, lo puso sobre la mesa, encendió uno, y sopló todo el humo sobre la calva de mi padre, claro que no lo hizo por mal, lo hizo simplemente, y luego continuó bellísimo, sonriente, mirando hacia el mar, pero ni mi padre ni yo queríamos ya postres.

—¿Desde cuándo fumas? —le preguntó mi padre, con voz temblorosa.

—No sé; no me acuerdo —dijo Jimmy, ofreciéndome un cigarrillo.

—No, no, Jimmy; no ...

—Fuma no más, hijito; no desprecies a tu amigo.

Estoy viendo a mi padre decir esas palabras, y luego recoger una servilleta que no se le había caído, casi recoge el pie del mozo que seguía ahí parado. Jimmy y yo fumábamos, mientras mi padre nos contaba que a él nunca le había atraído eso de fumar, y luego de una afección a los bronquios que tuvo no sé cuándo, pero Jimmy empezó a hablar de automóviles, mientras yo observaba la ropa que llevaba puesta, parecía toda de seda, y la camisa de mi padre empezó a envejecer lastimosamente, ni su saco norteamericano le iba a durar toda la vida.

—¿Tú manejas, Jimmy? —preguntó mi padre.

—Hace tiempo. Ahora estoy en el carro de mi hermana; el otro día estrellé mi carro, pero ya le va a llegar otro a mi papá. En la hacienda tenemos varios carros.

Y yo muerto de miedo, pensando en el Pontiac; tal vez Jimmy se iba a enterar de que ése era el de mi padre, se iba a burlar tal vez, lo iba a ver más viejo, más ancho, más feo que yo. «¿Para qué vinimos aquí?» Estaba recordando la compra del Pontiac, a mi padre convenciendo a mamá «un pequeño sacrificio», y luego también los sábados por la tarde, cuando lo lavábamos, asunto de familia, todos los hermanos con **latas de agua**, mi padre con la manguera, mi madre en el balcón, nosotros locos por subir, por coger el timón, y mi padre autoritario: «Cuando sean grandes, cuando tengan brevete», y luego, sentimental: «Me ha costado años de esfuerzo».

—¿Tienes brevete, Jimmy?

—No; no importa; aquí todos me conocen.

Y entonces fue que mi padre le preguntó que cuántos años tenía y fingió creerle cuando dijo que dieciséis, y yo también, casi le digo que era un mentiroso, pero para qué, todo el mundo sabía que Jimmy estaba en mi clase y que yo no había cumplido aún los catorce años.

—Manolo se va conmigo —dijo Jimmy—; vamos a pasear en el carro de mi hermana.

Y mi padre cedió una vez más, nuevamente sonrió, y le encargó a Jimmy saludar a su padre.

—Son casi las cuatro —dijo—, voy a descansar un poco, porque a las siete tengo una reunión de negocios —se despidió de Jimmy, y se marchó sin decirme a qué hora debía regresar, yo casi le digo que no se preocupara, que no nos íbamos a estrellar.

Jimmy no me preguntó cuál era mi carro. No tuve por qué decirle que el Pontiac ese negro, el único que había ahí, era el carro de mi padre. Ahora sí se lo diría y luego, cuando se riera sarcásticamente le escupiría en la cara, aunque todos esos mozos que lo habían saludado mientras salíamos, todos esos que a mí no me hacían caso, se me vinieran encima a matarme por haber ensuciado esa maravillosa cara de monedita de oro, esas manos de primer enamorado que estaban abriendo la puerta de un carro del jefe de mi padre.

A un millón de kilómetros por hora, estuvimos en Pisco,[11] y allí Jimmy

[11] Pisco: port town 230 km south of Lima.

casi atropella a una mujer en la Plaza de Armas; a no sé cuántos millones de kilómetros por hora, con una cuarta velocidad especial, estuvimos en una de sus haciendas, y allí Jimmy tomó una Coca-Cola, le pellizcó la nalga a una prima y no me presentó a sus hermanas; a no sé cuántos miles de millones de kilómetros por hora, estuvimos camino de Ica,[12] y por allí Jimmy me mostró el lugar en que había estrellado su carro, carro de mierda ese, dijo, no servía para nada.

Eran las nueve de la noche cuando regresamos a Paracas. No sé cómo, pero Jimmy me llevó hasta una salita en que estaba mi padre bebiendo con un montón de hombres. Ahí estaba sentado, la cara satisfecha, ya yo sabía que haría muy bien su trabajo. Todos esos hombres conocían a Jimmy; eran agricultores de por ahí, y acababan de comprar los tractores de la compañía. Algunos le tocaban el pelo a Jimmy y otros se dedicaban al whisky que mi padre estaba invitando en nombre de la compañía. En ese momento mi padre empezó a contar un chiste, pero Jimmy lo interrumpió para decirle que me invitaba a comer. «Bien, bien,» dijo mi padre. «Vayan nomás.»

Y esa noche bebí los primeros whiskies de mi vida, la primera copa llena de vino de mi vida, en una mesa impecable, con un mozo que bailaba sonriente y constante alrededor de nosotros. Todo el mundo andaba elegantísimo en ese comedor lleno de luces y de carcajadas de mujeres muy bonitas, hombres grandes y colorados que deslizaban sus manos sobre los anillos de oro de Jimmy, cuando pasaban hacia sus mesas. Fue entonces que me pareció escuchar el final del chiste que había estado contando mi padre, le puse cara de malo, y como que lo encerré en su salita con esos burdos agricultores que venían a comprar su primer tractor. Luego, esto sí que es extraño, me deslicé hasta muy adentro en el mar, y desde allí empecé a verme navegando en un comedor en fiesta, mientras un mozo me servía arrodillado una copa de champán, bajo la mirada achinada y azul de Jimmy.

Yo no le entendía muy bien al principio; en realidad no sabía de qué estaba hablando, ni qué quería decir con todo eso de la ropa interior. Todavía lo estaba viendo firmar la cuenta; garabatear su nombre sobre una cifra monstruosa y luego invitarme a pasear por la playa. «Vamos», me había dicho, y yo lo estaba siguiendo a lo largo del malecón oscuro, sin entender muy bien todo eso de la ropa interior. Pero Jimmy insistía, volvía a preguntarme qué calzoncillos usaba yo, y añadía que los suyos eran así

<hr>

[12] Ica: large colonial town in the desert strip 300 km south of Lima.

y asá, hasta que nos sentamos en esas escaleras que daban a la arena y al mar. Las olas reventaban muy cerca y Jimmy estaba ahora hablando de órganos genitales, órganos genitales masculinos solamente, y yo, sentado a su lado, escuchándolo sin saber qué responder, tratando de ver las rayas y los tiburones de que hablaba mi padre, y de pronto corriendo hacia ellos porque Jimmy acababa de ponerme una mano sobre la pierna, «¿cómo la tienes, Manolo?», dijo, y salí disparado.[13]

Estoy viendo a Jimmy alejarse tranquilamente; regresar hacia la luz del comedor y desaparecer al cabo de unos instantes. Desde el borde del mar, con los pies húmedos, miraba hacia el hotel lleno de luces y hacia la hilera de *bungalows*, entre los cuales estaba el mío. Pensé en regresar corriendo, pero luego me convencí de que era una tontería, de que ya nada pasaría esa noche. Lo terrible sería que Jimmy continuara por allí, al día siguiente, pero por el momento, nada; sólo volver y acostarme.

Me acercaba al *bungalow* y escuché una carcajada extraña. Mi padre estaba con alguien. Un hombre inmenso y rubio zamaqueaba el brazo de mi padre, lo felicitaba, le decía algo de eficiencia, y ¡zas!, le dio el palmazo en el hombro. «Buenas noches, Juanito», le dijo. «Buenas noches, don Jaime», y en ese instante me vio.

—Mírelo; ahí está. ¿Dónde está Jimmy, Manolo?

—Se fue hace un rato, papá.

—Saluda al padre de Jimmy.

—¿Cómo estás, muchacho? O sea que Jimmy se fue hace rato; bueno, ya aparecerá. Estaba felicitando a tu padre; ojalá tú salgas a él.[14] Le he acompañado hasta su *bungalow*.

—Don Jaime es muy amable.

—Bueno, Juanito, buenas noches —y se marchó, inmenso.

Cerramos la puerta del *bungalow* detrás nuestro. Los dos habíamos bebido, él más que yo, y estábamos listos para la cama. Ahí estaba todavía mi ropa de baño, y mi padre me dijo que mañana por la mañana podría bañarme. Luego me preguntó que si había pasado un buen día, que si Jimmy era mi amigo en el colegio, y que si mañana lo iba a ver; y yo a todo: «Sí, papá, sí, papá», hasta que apagó la luz y se metió en la cama, mientras yo, ya acostado, buscaba un dolor de estómago para quedarme en cama mañana, y pensé que ya se había dormido. Pero no. Mi padre me dijo, en la oscuridad, que el nombre de la compañía había quedado muy

[13] salí disparado: I shot off.
[14] ojalá tú salgas a él: let's hope you take after him.

bien, que él había hecho un buen trabajo, estaba contento mi padre. Más tarde volvió a hablarme; me dijo que don Jaime había estado muy amable en acompañarlo hasta la puerta del *bungalow* y que era todo un señor. Y como dos horas más tarde, me preguntó: «Manolo, ¿qué quiere decir *bungalow* en castellano?»

'El camino es así (con las piernas, pero también con la imaginación)'

Todo era un día cualquiera de clases, cuando **el hermano Tomás** decidió hacer el anuncio: «El sábado haremos una excursión en bicicleta, a Chaclacayo.[1]» Más de treinta voces lo interrumpieron, gritando: «Rah.» «¡Silencio! Aún no he terminado de hablar: dormiremos en nuestra residencia de Chaclacayo, y el domingo regresaremos a Lima. Habrá un ómnibus del colegio, para los que prefieran regresar en él. ¡Silencio! Los que quieran participar, pueden inscribirse hasta el día jueves.» Era lunes. Lunes por la tarde, y no se hace un anuncio tan importante en plena clase de geografía. «¡Silencio!, continuó dictando, la meseta del Collao[2] es ... ¡Silencio!»

Era martes, y alumnos de trece años venían al colegio con el permiso para ir al paseo, o sin el permiso para ir al paseo. Algunos llegaban muy nerviosos: «Mi padre dice que si mejoro en inglés, iré. Si no, no.» «Eso es chantaje.» El hermano Tomás se paseaba con la lista en el bolsillo, y la sacaba cada vez que un alumno se le acercaba para decirle: «Hermano, tengo permiso. Tengo permiso, hermano.»

Miércoles. «Mañana se cierran las inscripciones.» El amigo con permiso empieza a inquietarse por el amigo sin permiso. Era uno de esos momentos en que se escapan los pequeños secretos: «Mi madre dice que ella va a hablar con mi papá, pero ella también le tiene miedo. Si mi papá está de buen humor ... Todo depende del humor de mi papá». (Es preciso ampliar, e imaginarse toda una educación que dependa «del humor de papá».) Miércoles por la tarde. El enemigo con permiso empieza a mirar burlonamente al enemigo sin permiso: «Yo iré. Él no.» Y la mirada burlona y triunfal. Miércoles por la noche: la última oportunidad. Alumnos de trece años han descubierto el teléfono: sirve para comunicar la angustia, la alegría, la tristeza, el miedo, la amistad. El colegio en la línea telefónica. El

---

[1] Chaclacayo: small town 30 km inland from Lima where, in the 1960s, some wealthy limeños had second homes to which they could escape from Lima's winter climate and enjoy year-round sun. Far less exclusive by the 1990s.

[2] la meseta del Collao: high plateau that surrounds Lake Titicaca in southern Peru.

colegio fuera del colegio. Después del colegio. El colegio en todas partes.

—¿Aló?

—¿Juan?

—He mejorado en inglés.

—Irás, Juan. Iremos juntos. Tu papá dirá que sí. Le diré a mi papá que hable con el tuyo. Iremos juntos.

—Sí. Juntos.

—Yo siempre les hablo a mis padres de ti. Ellos saben que eres mi mejor amigo —un breve silencio después de estas palabras. Ruborizados, cada uno frente a su teléfono, Juan y Pepe empezaban a darse cuenta de muchas cosas. ¿Hasta qué punto esa posible separación los había unido? ¿Por qué esas palabras: «mi mejor amigo»? La angustia y el teléfono.

—Mi padre llegará a las ocho.

—Te vuelvo a llamar. Chao.

Miércoles, aún, por la noche. Alegría y permiso. Tristeza porque no tiene permiso. Angustia. Angustia terrible porque quiere ir, y su padre aún no lo ha decidido.

—¿Aló?

—¿Octavio? No, Octavio. No me dejan ir.

«Yo también me quedo. Tengo permiso, pero no iré ...», pensó Octavio.

—Si prefieres mi bicicleta, puedes usarla.

—Usaré la mía —fue todo lo que se atrevió a decir.

—Chao.

Jueves. Van a cerrar las inscripciones. Tres nombres más en la lista. Las inscripciones se han cerrado. Nueve no van. Van veinticinco. El hermano Tomás, ayudado por un alumno de quinto de media,[3] tendrá a su cargo la excursión. «¡Rah!» El hermano Tomás es buena gente. Instrucciones: un buen desayuno, al levantarse. Reunión en el colegio a las ocho de la mañana. Llevar el menor peso posible. Llevar una cantimplora con jugo de frutas para el camino. Llegaremos a Chaclacayo a la hora del almuerzo. «¡Rah!»

Jueves: aún. Ya no se habla de permisos. Todo aquello pertenece al pasado, y son los preparativos los que cuentan ahora. «Afilar las máquinas.» Alumnos de trece años consultan y cambian ideas. Piensan y deciden. Se unen formando grupos, y formando grupos se desunen. «Tengo dos cantimploras: te presto una.» Pero, también: «Mi bicicleta

---

[3] quinto de media: fifth year of secondary/high school; i.e. someone who is 16 years old.

es mejor que la tuya. Con ésa no llegas ni a la esquina.» Víctor ha traído un mapa del camino. ¡Viva la geografía!

Pero es jueves aún. Todo está decidido. Las horas duran como días. Jueves separado del sábado por un inmenso viernes. Un inmenso viernes cargado de horas y minutos. Cargado de horas y minutos que van a pasar lentos como una procesión. En sus casas, veinticinco excursionistas, con las manos sucias, dejan caer gotas de aceite sobre las cadenas de sus bicicletas. Las llantas están bien infladas. El inflador, en su lugar.

Viernes en el timbre del reloj despertador: unas sábanas muy arrugadas, saliva en la almohada, y una parte de la frazada en el suelo, indican que anoche no se ha dormido tranquilamente. Se busca nuevamente la almohada y su calor, pero se termina de pie, frente a un lavatorio. Agua fresca y jabón: «Hoy es viernes». Una mirada en el espejo: «La excursión». El tiempo se detiene, pesadamente.

Viernes en el colegio. Este viernes se llama vísperas. Imposible dictar clase en esa clase. El hermano Tomás lo sabe, pero actúa como si no lo supiera. «La disciplina», piensa, pero comprende y no castiga. Hacia el mediodía, ya nadie atiende. Nadie presta atención. Los profesores hablan, y sus palabras se las lleva el viento. El reloj, en la pared de la clase, es una tortura. El reloj, en la muñeca de algunos alumnos, es una verdadera tortura. Un profesor impone silencio, pero inmediatamente empiezan a circular papelitos que hablan en silencio: «Voy a sacarle los guardabarros a mi bicicleta para que pese menos». Otro papelito: «Ya se los saqué. Queda bestial».

Todo está listo, pero recién es viernes por la tarde. Imposible dictar clase en esa clase. El hermano Tomás lo sabe, pero actúa como si no lo supiera. Las horas se dividen en minutos; los minutos, en segundos. Los segundos se niegan a pasar. ¡Maldito viernes! Esta noche se dormirá con la cantimplora al lado, como los soldados con sus armas, listos para la campaña. Pero aún estamos en clase. ¡Viernes de mierda! Barullo e inquietud en esa clase. El hermano Tomás se ha contagiado. El hermano Tomás es buena gente y ha sonreído. ¡Al diablo con los cursos! «Aquí hay un mapa.» El hermano Tomás sonríe. Habla, ahora del itinerario: «Saldremos hacia la carretera por este camino ...».

Suena el despertador, y muchos corren desde el baño para apagarlo. ¡Sábado! El desayuno en la mesa, jugo de frutas en la cantimplora, y la bicicleta esperando. Hoy todo se hace a la carrera. «Adiós.»

Veinticinco muchachos de trece años. Veinticinco bicicletas. De hermano, el hermano Tomás sólo tiene el pantalón negro: camisa *sport* verde, casaca color marrón, y pelos en el pecho. El hermano Tomás es joven y fuerte. «Es un hombre.» Veintiséis bicicletas con la suya. Veintisiete con la de Martínez, alumno del quinto año de media[4] que también parte. «Ocho de la mañana. ¿Estamos todos? Vamos.»

Cinco minutos para llegar hasta la avenida Petit Thouars. Por Petit Thouars, desde Miraflores hasta la prolongación Javier Prado Este. Luego, rumbo a la Panamericana Sur y hacia el camino que lleva a la Molina. Por el camino de la Molina, hasta la carretera central, hasta Chaclacayo.[5] Más de treinta kilómetros, en subida. «Allá vamos.»

Una semana había pasado desde aquel día. Desde aquel sábado terrible para Manolo ... Aquel sábado en que todo lo abandonó, en que todo lo traicionó. El profesor de castellano les había pedido que redactaran una composición: «Un paseo a Chaclacayo», pero él no presentó ese tema. Manolo se esforzaba por pensar en otra cosa. Imposible: no se olvida en una semana lo que tal vez no se olvidará jamás.

Se veía en el camino: las bicicletas avanzaban por la avenida Petit Thouars, cuando notó que le costaba trabajo mantenerse entre los primeros. Empezaba a dejarse pasar, aunque le parecía que pedaleaba siempre con la misma intensidad. Llegaron a la prolongación Javier Prado Este, y el hermano Tomás ordenó detenerse: «Traten de no separarse», dijo. Manolo miraba hacia las casas y hacia los árboles. No quería pensar. Partieron nuevamente con dirección a la Panamericana Sur. Pedaleaba. Contaba las fachadas de las casas: «Esta debe tener unos cuarenta metros de frente. Esta es más ancha todavía». Pedaleaba. «Estoy a unos cincuenta metros de los primeros.» Pero los de atrás eran cada vez menos. «Las casas.» Le fastidió una voz que decía: «Apúrate, Manolo», mientras lo pasaba. Sentía la cara hirviendo, y las manos heladas sobre el timón. Lo pasaron nuevamente. Miró hacia atrás: nadie. Los primeros estarían unos cien metros adelante. Más de cien metros. Miró hacia el suelo: el cemento

---

[4] 'quinto curso de media' in P&J, an apparent adaptation for a Spanish readership; 'media' is equivalent to secondary school, lasting five years to the age of sixteen.

[5] The route mapped out here takes the students from the fashionable residential district of Miraflores on Lima's coastline to the outlying, semi-rural district of la Molina, now incorporated into the city, and from there through open countryside to Chaclacayo. The 'carretera central' was built in the 1930s and runs east from Lima up into the Andes, representing the main transport link (with the railway that follows the same route) between the capital and population centres in the central Andes. The 'Panamericana' is a major highway that runs the length of the west coast of South America. The Peruvian section dates from the 1940s.

de la pista le parecía demasiado áspero y duro. Presionaba los pedales con fuerza, pero éstos parecían negarse a bajar. Miró hacia adelante: los primeros empezaban a desaparecer: «Algunos se han detenido en un semáforo.» Pedaleaba con fuerza y sin fuerza; con fuerza y sin ritmo. «Mi oportunidad.» Se acercaba al grupo que continuaba detenido en el semáforo. «El hermano Tomás.» Pedaleaba. «Luz verde. ¡Mierda!» Partieron, pero el hermano Tomás continuaba detenido. Lo estaba esperando.

—¡Qué pasa, Manolo?

—Nada, hermano —pero su cara decía lo contrario.

—Creo que sería mejor que regresaras.

—No, hermano. Estoy bien —pero el tono de su voz indicaba lo contrario.

—Regresa. No llegarás nunca.

—Hermano ...

—No puedo detenerme por uno. Tengo que vigilar a los que van delante. Regresa. Vamos, quiero verte regresar.

Manolo dio media vuelta a su bicicleta, y empezó a pedalear en la dirección contraria. Pedaleaba lentamente. «Ya debe haberse alejado. No me verá.» Había tomado una decisión: llegar a Chaclacayo. «Aunque sea de noche.» Cambió nuevamente de rumbo. Pedaleaba. «Ya me las arreglaré con el hermano Tomás;[6] también con los de la clase.» Se sentía bastante mejor, y le parecía que solo estaría más tranquilo. Además, podría detenerse cuando quisiera. Pedaleaba, y las casas empezaban a quedarse atrás. Cada vez había menos casas. «Jardines. Terrenos. Una granja.» El camino empezaba a convertirse en carretera para Manolo. Carretera con camiones en la carretera. «Interprovinciales.» Pedaleaba, y un carro lo pasó veloz. «Carreteras.» Pedaleaba. Alzó la mirada: «Estoy solo.»

Estaba en el camino de la Molina. «Es por aquí.» Lo había recorrido en automóvil. No se perdería. Perderse no era el problema. «Mis piernas», pero trataba de no pensar. A ambos lados de la pista, los campos de algodón le parecían demasiado grandes. Miraba también algunos avisos pintados en los muros que encerraban los cultivos: «Champagne Poblete.» Los leía en voz alta. «¿Cuántos avisos faltarán para llegar a Chaclacayo?» Pedaleaba. «El Perú es uno de los primeros productores de algodón en el mundo. Egipto. Geografía.» Nuevamente empezó a contar los avisos: «Vinos Santa Marta», pero su pie derecho resbaló por un costado del pedal, y sintió un ardor en el tobillo. Se detuvo, y descendió

---

[6] Ya me las arreglaré con el hermano Tomás: I'll sort things out with Brother Tomás.

de la bicicleta: tenía una pequeña herida en el tobillo, bajo la media. No era nada. Descansó un momento, montó en la bicicleta, y le costó trabajo empezar nuevamente a pedalear.

Había llegado a la carretera central. Eran las once de la mañana, y tuvo que descansar. Descendió de la bicicleta, dejándola caer sobre la tierra, y se sentó sobre una piedra, a un lado del camino. Desde allí veía los automóviles[7] y camiones pasar en una y otra dirección: subían hacia la sierra, o bajaban hacia la costa, hacia Lima. Le hubiera gustado conversar con alguien, pero, a su lado, la bicicleta descansaba inerte. Pensaba en su perro, y en cómo le hablaba, a veces, cuando estaban solos en el jardín de su casa. Cogió una piedra que estaba al alcance de su mano, y vio salir de debajo de ella una araña. Era una araña negra y peluda, y se había detenido a unos cincuenta centímetros a su derecha. La miraba: «Pica»,[8] pensó. Vio, hacia su izquierda, otra piedra, y decidió cogerla. Estiró el brazo, pero se detuvo. Volteó y miró a la araña nuevamente: continuaba inmóvil, y Manolo ya no pensaba matarla. Era preciso seguir adelante, pues se hacía cada vez más tarde, y aún faltaba la subida hasta Chaclacayo. «La peor parte.» Se puso de pie, y cogió la bicicleta. Montó, pero antes de empezar a pedalear, volteó una vez más para mirar a la araña: negra y peluda, la araña desaparecía bajo la piedra en que acababa de estar sentado. «No la he matado», se dijo, y empezó a pedalear.

Pedaleaba buscando un letrero que dijera «Vitarte».[9] No recordaba a partir de qué momento había empezado a hablar solo, pero oír su voz en el camino le parecía gracioso y extraño. «Esta es mi voz», se decía, pronunciando lentamente cada sílaba: «Es-ta-es-mi-voz». Se callaba. «¿Es así como los demás la oyen?», se preguntaba. Un automóvil pasó a su lado, y Manolo pudo ver que alguien le hacía adiós, desde la ventana posterior. «Nadie que yo conozca. Me hubieran podido llevar», pensó, pero ése no era un paseo en automóvil, sino un paseo en bicicleta. «Cobarde», gritó, y se echó a pedalear con más y menos fuerza que nunca.

«Te prometo que sólo es hasta Vitarte. Te lo juro. En Vitarte se acaba todo.» Trataba de convencerse; trataba de mentirse, y sacaba fuerzas de su mentira convirtiéndola en verdad. «Vamos, cuerpo.» Pedaleaba y Vitarte no aparecía nunca. «Después de Vitarte viene Ñaña.[10] ¡Cállate idiota!»

---

[7] 'veía a los automóviles' in AE and P&J.

[8] Many spiders in Peru give a nasty bite, and children are routinely taught to kill them.

[9] Vitarte: outlying industrial district of Lima, now surrounded by shantytowns.

[10] Ñaña: village on the road from Lima to Chaclacayo.

Avanzaba lentamente y en subida; avanzaba contando cada bache que veía sobre la pista, y ya no alzaba los ojos para buscar el letrero que dijera «Vitarte». Tampoco miraba a los automóviles que escuchaba pasar a su lado. «Manolo», decía, de vez en cuando. «Manolo», pero no escuchaba respuesta alguna. «¡Manolo!», gritó, «¡Manolo! ¡Vitarte!» Era Vitarte. «Ñaña», pensó, y estuvo a punto de caerse al desmontar.

Descansaba sentado sobre una piedra, a un lado del camino. De vez en cuando miraba la bicicleta tirada sobre la tierra. «¿Qué hora será?», se preguntó, pero no miró su reloj. No le importaba la hora. Llegar era lo único que le importaba, sentado allí, agotado, sobre una piedra. El tiempo había desaparecido. Miraba su bicicleta, inerte sobre la tierra, y sentía toda su inmensa fatiga. Volteó a mirar, y vio, hacia su izquierda, tres o cuatro piedras. Una de ellas estaba al alcance de su mano. Miró nuevamente hacia ambos lados, hacia la tierra que lo rodeaba, y una extraña sensación se apoderó de él. Le parecía que ya antes había estado en ese lugar. Exactamente en ese lugar. Se sentía terriblemente fatigado, y le parecía que todo alrededor suyo era más grande que él. Escuchó cómo pronunciaba el nombre de su mejor amigo, aunque sin pensar que ya debería estar cerca de Chaclacayo. No relacionaba muy bien las cosas, pero continuaba sintiendo que había estado antes en ese lugar. Cogió un puñado de tierra, lo miró, y lo dejó caer poco a poco. «Exactamente en este lugar.» A su derecha, al alcance de su mano, había una piedra. Manolo la levantó para ver qué había debajo, y luego, al cabo de unos minutos, la dejó caer nuevamente. Tenía que partir. Era preciso volver a creer que ésta era la última etapa; que Ñaña era la última etapa. Se puso de pie, y se dio cuenta hasta qué punto[11] estaban débiles sus piernas. Cogió la bicicleta, la enderezó, y montó en ella. Ponía el pie derecho sobre el pedal, cuando algo lo hizo voltear y mirar atrás:[12] «Qué tonto», pensó, recordando que la araña estaba bajo la piedra que le había servido de asiento. Empezó a pedalear, a pedalear ...

Pedaleaba buscando un letrero que dijera «Ñaña». Miró hacia atrás, leyó «Vitarte» en un letrero, y sintió ganas de reírse: de reírse de Manolo. Ya no le dolían las piernas. Ahora, era peor: ya no estaban con él. Estaban allá, abajo, y hacían lo que les daba la gana. Eran ellas las que parecían querer reírse por boca de Manolo. «Cojudas»,[13] les gritó, al ver que una de ellas, la izquierda, se escapaba resbalando por delante del pedal. «¡Van a ver!» Manolo se puso de pie sobre los pedales, y los hizo descender, uno

---

[11] 'se dio cuenta de hasta qué punto' in Alf.

[12] 'mirar hacia atrás' in P&J.

[13] Cojudas: 'Dumb legs'.

y otro, con todo el cuerpo, pero la bicicleta empezó a balancearse peligrosamente, y sus manos no lograban controlar el timón. «También ellas se me escapan», pensó Manolo, a punto de perder el equilibrio; a punto de caerse. Se sentó, y empezó a pedalear como si nada hubiera pasado; como si siempre fuera dueño de sus piernas y de sus manos. «No descansaré hasta llegar a Ñaña.» Pero Ñaña estaba aún muy lejos, y él parecía saberlo. «¿Qué hacer?» Se sentía prisionero de unas piernas que no querían llevarlo a ningún lado. No debía ceder. ¿Qué hacer? Las veía subir y bajar: unas veces lo hacían presionando los pedales, pero otras resbalaban por los lados como si se negaran a trabajar. Aquello que pasaba por su mente no llegaba hasta allá abajo, hasta sus piernas. «¡Manolo!», gritó, y empezó nuevamente a ser el jefe. Pedaleaba ...

Caminaba. Había decidido caminar un rato, llevando la bicicleta a su lado. Se sentía muy extraño caminando,[14] pero después de la segunda caída, no le había quedado otra solución. Desde la caseta de un camión que pasaba lentamente a su lado, un hombre lo miraba sorprendido. Manolo miró hacia las ruedas del camión, y luego hacia las de su bicicleta. Leyó la placa del camión que se alejaba lentamente, y pensó que tardaría aún en desaparecer,[15] pero que llegaría a Ñaña mucho antes que él. Ya no distinguía los números de la placa. Le costaba trabajo pasar saliva.

«¡Manolo!», gritó. Saltó sobre la bicicleta. Se paró sobre los pedales. Se apoyó sobre el timón. Cerró los ojos, y se olvidó de todo. El viento soplaba con dirección a Lima; soplaba llevando consigo esos alaridos furiosos que en la carretera nadie escucharía: «¡Aaaa! ¡Aaaaaah! ¡Aaaaaaah!»

Estaba caído ante una reja abierta sobre un campo de algodón. A ambos lados de la reja, el muro seguía la línea de la carretera. Detrás suyo, la pista, y la bicicleta al borde de la pista, sobre la tierra. No podía recordar lo que había sucedido. Buscaba, tan sólo, la oscuridad que podía brindarle su cabeza oculta entre sus brazos, contra la tierra. Pero no podía quedarse allí. No podía quedarse así. Trató de arrastrarse, y sintió que la rodilla izquierda le ardía: estaba herido. Sintió también que la pierna derecha le pesaba: al caer, el pantalón se le había enganchado en la cadena de la bicicleta. Avanzaba buscando esconderse detrás del muro, y sentía que arrastraba su herida sobre la tierra, y que la bicicleta le pesaba en la pierna derecha. Buscaba el muro para esconderse, y entró en el campo de algodón. Sabía que ya no resistiría más. Imposible detenerlo. «El muro.» Sus manos

---

[14] 'Se sentía extraño caminando' in P&J.
[15] 'tardaría en desaparecer' in P&J.

tocaron el muro. Había llegado hasta ahí, hasta ahí. Ahí nadie lo podría ver. Nadie lo veía. Estaba completamente solo. Vomitó sobre el muro, sobre la tierra y sobre la bicicleta. Vomitó hasta que se puso a llorar, y sus lágrimas descendían por sus mejillas, goteando sobre sus piernas. Lloraba detrás del muro, frente a los campos de algodón. No había nadie. Absolutamente nadie. Estaba allí solo, con su rabia, con su tristeza y con su verdad recién aprendida. Buscó nuevamente la oscuridad entre sus brazos, el muro, y la tierra. No podría decir cuánto tiempo había permanecido allí, pero jamás olvidaría que cuando se levantó, había al frente suyo, al otro lado de la pista, un letrero verde con letras blancas: «Ñaña.»

Estaba parado frente a la residencia que los padres de su colegio tenían en Chaclacayo. Oscurecía. No recordaba muy bien cómo había llegado hasta allí, ni de dónde había sacado las fuerzas. ¿Por qué esta parte del camino le había parecido más fácil que las otras? Siempre se haría las mismas preguntas, pero se trataba, ahora, de ingresar a la residencia, de explicar su conducta, y de no dejar que jamás «nadie sepa ...». A través de las ventanas encendidas, podía ver a sus compañeros moverse de un lado a otro de las habitaciones. Estaban aún en el tercer piso. «Comerán dentro de un momento», pensó. De pronto, la puerta que daba al jardín exterior se abrió, y Manolo pudo ver que el hermano Tomás salía. Estaba solo. Lo vio también coger una manguera y desplazarla hacia el otro lado del jardín. Tenía que enfrentarse a él. Avanzó llevando la bicicleta a su lado.

—Hermano Tomás ...

—¿Tú?

—Llegué, hermano.

—¿Es todo lo que tienes que decir?

—Hermano ...

—Ven. Sígueme. Estás en una facha horrible. Es preciso que nadie te vea hasta que no te laves. Por la puerta falsa.[16] Ven.

Manolo siguió al hermano Tomás hasta una escalera. Subieron en silencio y sin ser vistos. El hermano llevaba puesta su casaca color marrón, y Manolo empezó a sentirse confiado. «Llegué», pensaba sonriente.

—Allí hay un baño. Lávate la cara mientras yo traigo algo para curarte.

—Sí, hermano —dijo Manolo, encendiendo la luz. Se acercó al lavatorio, y abrió el caño de agua fría. Parecía otro, con la cara lavada. Se miraba en el espejo: «No soy el mismo de hace unas horas».

---

[16] puerta falsa: side door, roughly equivalent to a tradesmen's entrance.

—Listo —dijo el hermano—. Ven, acércate.

—No es nada, hermano.

—No es profunda —dijo el hermano Tomás, mirando la herida—. La lavaremos, primero, con agua oxigenada. ¿Arde?

—No —respondió Manolo, cerrando los ojos. Se sentía capaz de soportar cualquier dolor.

—Listo. Ahora, esta pomada. Ya está.

—No es nada, hermano. Yo puedo ponerme el parche.

—Bien. Pero apúrate. Toma el esparadrapo.

—Gracias.

Manolo miró su herida por última vez: no era muy grande, pero le ardía bastante. Pensaba en sus compañeros mientras preparaba el parche. Era preciso que fuera un señor parche. «Así está bien», se dijo, al comprobar que estaba resultando demasiado grande para la herida. «No se burlarán de mí», pensó, y lo agrandó aún más.

Cuando entró al comedor, sus compañeros empezaban ya a comer. Voltearon a mirarlo sorprendidos. Manolo, a su vez, miró al hermano Tomás, sentado al extremo de la mesa. Sus ojos se encontraron, y por un momento sintió temor, pero luego vio que el hermano sonreía. «No me ha delatado.» Avanzó hasta un lugar libre, y se sentó. Sus compañeros continuaban mirándolo insistentemente, y le hacían toda clase de señas, preguntándole qué le había pasado. Manolo respondía con un gesto de negación, y con una sonrisa en los labios.

—Manolo —dijo el hermano Tomás—, cuando termines de comer, subes y te acuestas. Debes estar muy cansado, y es preciso que duermas bien esta noche.

—Sí, hermano —respondió Manolo. Cambiaron nuevamente una sonrisa.

—¿Qué te pasó? —preguntó su vecino.

—Nada. Hubo un accidente, y tuve que ayudar a una mujer herida.

—¿Y la rodilla? —insistió, mientras Manolo se miraba el parche blanco, a través del pantalón desgarrado.

—No es nada —dijo. Conocía a sus compañeros, y sabía que ellos se encargarían del resto de la historia. Hablarían de ello hasta dormirse. «Mañana también hablarán, pero menos. El lunes ya lo habrán olvidado.» Conocía a sus compañeros.

Poco antes de terminar la comida, Manolo vio que el hermano Tomás le hacía una seña: «Anda a dormir, antes de que se te tiren encima con sus preguntas». Obedeció encantado.

Dormía profundamente. Estaba solo en una habitación, que nadie salvo él ocuparía esa noche. Había tratado de pensar un poco, antes de dormirse, pero el colchón, bajo su cuerpo, empezaba a desaparecer, hasta que ya casi no lo sentía. Sus hombros ya no pesaban sobre nada, y las paredes, alrededor suyo, iban desapareciendo en la noche negra e invisible del sueño ... Miles de bicicletas se deslizaban fácilmente hacia el sol de Chaclacayo. Se veía feliz al frente de tantos amigos, de tantas bicicletas, de tanta felicidad. El sol se perdía detrás de cada árbol, y reaparecía nuevamente detrás de cada árbol. Estaba tan feliz que le era imposible llevar la cuenta de los amigos que lo seguían. Todos iban hacia el sol, y él siempre adelante, camino del sol. De pronto, escuchó una voz: «¡Manolo! ¡Manolo!» Se detuvo. ¿De dónde vendría esa voz? «Continúen. Continúen», gritaba Manolo, y sus amigos pedaleaban sin darse cuenta de nada. «Continúen.» Buscaba la voz. «Llegaré de noche, pero también mañana brillará el sol.» Buscaba la voz entre unas piedras, a los lados del camino. La escuchó nuevamente, detrás suyo, y volteó: su madre llevaba un prendedor en forma de araña, y el hermano Tomás sonreía. Estaban parados junto a su bicicleta ...

Una semana había transcurrido, y ya nadie hablaba del paseo. Manolo se esforzaba por pensar en otra cosa. Imposible: no se olvida en una semana ... etcétera.

'Su mejor negocio'

Esperaba impaciente y nervioso la hora de la cita. Encerrado en su dormitorio, contaba los minutos que faltaban para las dos de la tarde. Por momentos se sentaba sobre la cama, por momentos se acercaba a la ventana, y miraba hacia el jardín de enfrente. Miraba también hacia ambos lados de la calle, pero Miguel no aparecía aún. Miguel era el jardinero de muchos jardines en ese barrio.[1] «Un artista», pensaba Manolo, mirando hacia el jardín de la casa de enfrente.

«Si no se atrasa, llegará dentro de un cuarto de hora», pensó. Estaba nuevamente sentado sobre su cama, y pensaba que aquel negocio sería cosa de unos minutos. Luego, a Lima.[2] De frente a Lima, y hasta esa tienda, hasta esa vidriera. Aquel saco de corduroy marrón parecía esperarlo ya demasiado tiempo. Hacía tres semanas que lo habían puesto en exhibición, y era un riesgo dejar pasar un día más: alguien podía anticipársele.[3] Manolo sentía que el sastre lo había cortado para él; a su medida. Ese saco de corduroy marrón era suyo; suyo desde que decidió vender su bicicleta para obtener el dinero. No quería ni un real más (Miguel era su amigo), pero tampoco podía aceptar un real menos, y temblaba al pensar que Miguel no tardaría en llegar.

Hacía años que se conocían. Cuando la familia de Manolo vino a vivir a ese barrio, ya Miguel se encargaba de muchos jardines. Lo veía trabajar cuando regresaba del colegio, pero no recordaba bien cómo habían empezado a hablar. Recordaba, eso sí, cómo le enseñaba a manejar unas viejas tijeras para podar, en cuyas asas de madera el uso parecía haber grabado la forma de sus manos. Recordaba, también, que no le permitía jugar con la máquina para cortar el pasto: «Es muy peligroso», le decía. «Cuando seas más grande.» Miguel le llamaba Manolo. Manolo, al

---

[1] most middle-class families would avoid manual chores and employ a gardener.
[2] a Lima: although there was considerable urban growth from the 1940s, 'Lima' is often used to refer to the old city centre.
[3] alguien podía anticipársele: somebody might beat him to it.

comienzo, le decía «Maestro»,[4] pero luego también empezó a llamarlo por su nombre.

Jugaban al fútbol, por las tardes, cuando Manolo regresaba del colegio. Venían, también, dos mayordomos[5] de casas vecinas, y algunos muchachos del barrio con sus amigos. Cuando no eran suficientes para un «partidito», jugaban a «ataque y defensa». La pelota era de Manolo. Jamás formaron un club, ni siquiera pensaron en ello, pero durante años fueron los mismos los que se reunieron para el partido. A veces, pasaban por allí grupos de muchachos extraños al barrio, y entonces era «nosotros contra ustedes». Al comienzo, Manolo tuvo alguna dificultad para ponerse al día en cuestión lisuras, pero con el tiempo, las usaba hasta por gusto. Miguel lo escuchaba sonriente: «Tu mamá nos va a echar la culpa», decía, sin darle mayor importancia al asunto.

Un día, Manolo regresó del colegio, y como de costumbre, encontró a todo el equipo esperándolo en la puerta de su casa. «Hoy no puedo jugar», les dijo. «Voy al cine con unos amigos.» Lo miraron desconcertados. «No se vayan. Voy a sacar la pelota. Jueguen ustedes.»[6] Aquel día, Miguel y los demás pelotearon un rato, hasta que lo vieron partir al cine. Luego, devolvieron el balón, y se marcharon.

Los días llegaron en que Manolo se reunía a menudo con sus amigos del colegio. Miguel, por su parte, tenía más jardines que cuidar, y los partidos callejeros eran menos y menos frecuentes. Rara vez estaba el equipo completo, aunque Miguel no faltaba nunca cuando había partido. Parecía adivinar los días en que Manolo podía jugar. Pero un día pasó por el barrio una patota de palomillas de todas las edades, y el desafío se produjo. Manolo, Miguel y los suyos, tomaron las cosas como si hasta ese día, y desde que empezaron a jugar, se hubieran estado entrenando para esa ocasión. Se jugaba fuerte. Demasiado fuerte. Las lisuras resonaban en las casas vecinas hasta que Manolo rodó por tierra, cogiéndose la pierna con un gesto terrible de dolor. Alcanzó, sin embargo, a ver cómo Miguel se abalanzaba furioso contra el que lo había pateado. Luego, todo fue una gresca, una pelea callejera, que él contemplaba sin poder intervenir. No olvidaría el rostro de Miguel bañado en sangre, ni olvidaría tampoco cómo la gente salía de sus casas mientras los palomillas huían despavoridos. Poco

[4] Maestro: another social marker, used to describe a good manual worker.

[5] mayordomos: it is common for middle-class families in Peru to have domestic servants.

[6] ustedes: Peruvian Spanish never uses 'vosotros', using instead 'ustedes' for the second-person plural.

tiempo después, dejaron de jugar. Manolo salía casi a diario con sus amigos del colegio, y ya nadie venía a esperarlo. Un día, la pelota amaneció desinflada, y nadie se encargó de repararla.

Miguel no venía a verlo. Por ahí decían que tenía demasiado trabajo, y que necesitaba una bicicleta para desplazarse de un jardín a otro. Manolo lo recordaba siempre, y a veces, cuando caminaba por el barrio, lo veía regando un jardín o podando plantas. «Miguel», le decía, y éste volteaba sonriente, pero ya nunca lo llamaba por su nombre: «Trabajando, trabajando», le respondía. Una tarde Manolo escuchó que le decía: «Trabajando, niño», como si ya no se atreviera a llamarlo Manolo, como si el «usted» no viniera al caso, y como si tratara de detenerlo en la época en que jugaban al fútbol juntos.

«Miguel», pensaba Manolo, mientras comprobaba que eran las dos de la tarde. Miraba hacia el jardín de enfrente, y le parecía ver a Miguel en cuclillas, regando cuidadosamente una planta. Le parecía verlo vestido siempre con un comando color kaki, con el cuello abierto, y el rostro color tierra seca. Recordaba sus cabellos, negros, brillantes y lacios, perfectamente peinados como actor de cine mejicano. Nunca se puso otra ropa, nunca dejó de tener el cuello abierto, nunca estuvo despeinado. A veces, cuando hacía calor, dejaba caer el agua fresca de la manguera sobre su cabeza y sobre la nuca. Inmediatamente después, sacaba un peine del bolsillo posterior del pantalón, y se peinaba nuevamente sin secarse.

Estaba mirando hacia el jardín de enfrente, cuando escuchó el timbre. Miró hacía abajo: Miguel, perfectamente peinado como un actor de cine mejicano, llevaba puesta una corbata color kaki. «El saco de corduroy», pensó Manolo, y corrió con dirección a la escalera. «Y si quiere pagarme menos.»

Estaban en el garaje de la casa y Manolo tenía la bicicleta cogida por el timón, mientras Miguel, en cuclillas, la examinaba detenidamente. Se habían saludado dándose la mano, pero desde entonces, habían permanecido en un silencio que empezaba a ser demasiado largo.

—¿Qué te parece, Miguel?

—Está bien, niño.

—Está recién pintada, y las llantas son nuevas —se atrevió a decir Manolo.

—Está bien, niño —dijo Miguel, permaneciendo en cuclillas, y sin alzar la cabeza.

Manolo lo observaba: sus cabellos negros y brillantes estaban perfectamente bien peinados. Sabía que le sería imposible regatear, y que aceptaría cualquier suma de dinero, aunque no fuese lo suficiente para el saco de corduroy. Sólo le interesaba terminar con el asunto lo más rápido posible. Estaba en un aprieto, pero Miguel no parecía darse cuenta de ello: continuaba examinando detenidamente la bicicleta.

—Sabes, niño —dijo—, a mí me va a servir para trabajar.

—Todos dicen que está como nueva, Miguel.

—Está bien, niño —asintió. Continuaba en cuclillas, y hablaba sin alzar la mirada—. ¿El precio?

—Doscientos cincuenta soles —dijo Manolo, con voz temblorosa. «Se la regalaría», pensó, pero sabía que luego sería imposible comprar el saco de corduroy.

Miguel se incorporó. Nada en su rostro indicaba si estaba o no de acuerdo con el precio. Permanecía mudo. Miraba, ahora, hacia el techo, y Manolo sentía que eso ya no podía durar un minuto más.

—Está bien —dijo Miguel. Introdujo la mano en el bolsillo posterior del pantalón, y sacó una viejísima billetera negra. Al hacerlo, dejó caer su peine sobre el suelo, y Manolo se agachó instintivamente para recogerlo.

—Gracias —dijo Miguel, mientras recibía con una mano el peine, y entregaba el dinero con la otra—. Gracias, niño. Ya me estaba cansando de tanto caminar.

No encontraban las palabras necesarias para concluir. Era Miguel, ahora, quien tenía la bicicleta cogida por el timón, mientras Manolo buscaba alguna fórmula para liquidar el asunto. Fue en ese momento que ambos miraron hacia el mismo rincón, y que sus ojos coincidieron sobre una vieja pelota de fútbol, desinflada y polvorienta. Manolo se lanzó sobre la puerta del garaje, abriéndola para que Miguel saliera por allí. Sus ojos se encontraron un instante, pero luego, cuando se despidieron, uno miraba a la bicicleta, y el otro hacia la calle. «Y ahora, a Lima», pensó Manolo, y esa misma tarde compró el saco de corduroy marrón.

Sábado en el espejo de su dormitorio. Sábado en su mente, y sábado en su programa para esa tarde. El espejo le mostraba qué bien le quedaban su saco de corduroy marrón, su pantalón de franela gris, su camisa color verde oscuro, y su pañuelo guinda al cuello (él creía que era de seda). Alguien diría que era demasiado para sus catorce años, pero no era suficiente para su felicidad.

—¡Manolo! —llamó su madre—. Tus amigos te esperan en la puerta.

—¡Ya voy! —gritó, mientras se despedía de Manolo en el espejo. Corrió hasta la escalera, y bajó velozmente hasta la puerta de calle.

Sus amigos lo esperaban impacientes. De pronto, la puerta se abrió, y apareció para ellos Manolo, con su confianza en el saco de corduroy marrón, y su sonrisa de colegial en sábado.

—Apúrate —dijo uno de los amigos.

—Kermesse[7] en el **Raimondi** —añadió otro.

—Irán también chicocas del Belén.[8] Apúrate.

Sábado.

---

[7] Kermesse: a school fete, with games, raffles and food to raise school funds.

[8] Belén: one of the most prestigious private schools for girls in Lima, run by nuns.

'Las notas que duermen en las cuerdas'

Mediados de diciembre. El sol se ríe a carcajadas en los avisos de publicidad. ¡El sol! Durante algunos meses, algunos sectores de Lima tendrán la suerte de parecerse a Chaclacayo, Santa Inés, Los Ángeles, y Chosica.[1] Pronto, los ternos de verano[2] recién sacados del ropero dejarán de oler a humedad.[3] El sol brilla sobre la ciudad, sobre las calles, sobre las casas. Brilla en todas partes menos en el interior de las viejas iglesias coloniales. Los grandes almacenes ponen a la venta las últimas novedades de la moda veraniega. Los almacenes de segunda categoría ponen a la venta las novedades de la moda del año pasado. «Pruébate la ropa de baño, amorcito.» (¡Cuántos matrimonios dependerán de esa prueba!) Amada, la secretaria del doctor[4] Ascencio, abogado de nota, casado, tres hijos, y automóvil más grande que el del vecino, ha dejado hoy, por primera vez, la chompita en casa. Ha entrado a la oficina, y el doctor ha bajado la mirada: es la moda del escote *ecran*, un escote que parece un frutero. «Qué linda su medallita, Amada (el doctor lo ha oído decir por la calle). Tengo mucho, mucho que dictarle, y tengo tantos, tantos deseos de echarme una siestecita.»

Por las calles, las limeñas lucen unos brazos de gimnasio. Parece que fueran ellas las que **cargaran las andas en las procesiones**, y que lo hicieran diariamente. Te dan la mano, y piensas en el tejido adiposo. No sabes bien lo que es, pero te suena a piel, a brazo, al brazo que tienes delante tuyo, y a ese hombro moreno que te decide a invitarla al cine. El doctor Risque pasa impecablemente vestido de blanco. Dos comentarios: «Maricón» (un muchacho de dieciocho años), y «exagera. No estamos en Casablanca» (el ingeniero[5] Torres Pérez, cuarenta y tres años, empleado del Ministerio

---

[1] Small towns on the carretera central 30–40 km east of Lima. All were largely enclaves of exclusive second homes in the 1960s, but are far less exclusive today.

[2] verano: summer in Lima lasts from December-March, although it can be hot and sunny from November-May.

[3] humedad: one of the characteristics of Lima's climate is very high levels of humidity.

[4] doctor: another marker of social status. Lawers are routinely referred to as 'doctor'.

[5] ingeniero: as with 'doctor', a social marker, indicating university-level education.

de Fomento). Pasa también Félix Arnolfi, escritor, autor de *Tres veranos en Lima*, y *Amor y calor en la ciudad*. Viste de invierno. Pero el sol brilla en Lima. Brilla a mediados de diciembre, y no cierre usted su persiana, señora Anunciata, aunque su lugar no esté en la playa, y su moral sea la del desencanto, la edad y los kilos ...

El sol molestaba a los alumnos que estaban sentados cerca de la ventana. Acababan de darles el rol de exámenes y la cosa no era para reírse. Cada dos días, un examen. Matemáticas y química seguidos. ¿Qué es lo que pretenden? ¿Jalarse a todo el mundo? Empezaban el lunes próximo, y la tensión era grande. Hay cuatro cosas que se pueden hacer frente a un examen: estudiar, hacer comprimidos, darse por vencido antes del examen, y **hacerse recomendar al jurado**.

Los exámenes llegaron. Los primeros tenían sabor a miedo, y los últimos sabor a Navidad. Manolo aprobó invicto (había estudiado, había hecho comprimidos, se había dado por vencido antes de cada examen y un tío lo había recomendado, sin que él se lo pidiera). Repartición de premios: un alumno de quinto año de secundaria lloró al leer el discurso de *Adiós al colegio*, los primeros de cada clase recibieron sus premios,[6] y luego, terminada la ceremonia, muchos fueron los que destrozaron sus libros y cuadernos: hay que aprender a desprenderse de las cosas. Manolo estaba libre.

En su casa, una de sus hermanas se había encargado del **Nacimiento**. El árbol de Navidad, cada año más pelado (al armarlo, siempre se rompía un adorno, y nadie lo reponía), y siempre cubierto de algodón, contrastaba con el calor sofocante del día. Manolo no haría nada hasta después del Año Nuevo. Permanecería encerrado en su casa, como si quisiera comprobar que su libertad era verdadera, y que realmente podía disponer del verano a sus anchas. Nada le gustaba tanto como despertarse diariamente a la hora de ir al colegio, comprobar que no tenía que levantarse, y volverse a dormir. Era su pequeño triunfo matinal.

—¡Manolo! —llamó su hermana—. Ven a ver el Nacimiento. Ya está listo.

—Voy —respondió Manolo, desde su cama.

Bajó en pijama hasta la sala, y se encontró con la Navidad en casa. Era veinticuatro de diciembre, y esa noche era Nochebuena. Manolo sintió un escalofrío, y luego se dio cuenta de que un extraño malestar se estaba

---

[6] The Peruvian school year ends with a ceremony similar to the US 'prom', with prizes for the star pupils and speeches.

apoderando de él. Recordó que siempre en Navidad le sucedía lo mismo, pero este año, ese mismo malestar parecía volver con mayor intensidad. Miraba hacia el Nacimiento, y luego hacia el árbol cubierto de algodón. «Está muy bonito», dijo. Dio media vuelta, y subió nuevamente a su dormitorio.

Hacia el mediodía, Manolo salió a caminar. Contaba los automóviles que encontraba, las ventanas de las casas, los árboles en los jardines, y trataba de recordar el nombre de cada planta, de cada flor. Esos paseos que uno hace para no pensar eran cada día más frecuentes. Algo no marchaba bien. Se crispó al recordar que una mañana había aparecido en un mercado, confundido entre placeras[7] y vendedores ambulantes. Aquel día había caminado mucho, y casi sin darse cuenta. Decidió regresar, pues pronto sería la hora del almuerzo.

Almorzaban. Habían decidido[8] que esa noche irían juntos a la misa de Gallo,[9] y que luego volverían para cenar. Su padre se encargaría de comprar el panetón, y su madre de preparar el chocolate.[10] Sus hermanos prometían estar listos a tiempo para ir a la iglesia y encontrar asientos, mientras Manolo pensaba que él no había nacido para esas celebraciones. ¡Y aún faltaba el Año Nuevo! El Año Nuevo y sus cohetones,[11] que parecían indicarle que su lugar estaba entre los atemorizados perros del barrio. Mientras almorzaba, iba recordando muchas cosas. Demasiadas. Recordaba el día en que entró al Estadio Nacional,[12] y se desmayó al escuchar que se había batido el récord de asistencia. Recordaba también cómo en los desfiles militares le flaqueaban las piernas cuando pasaban delante suyo las bandas de música y los **húsares de Junín**. Las retretas, con las marchas que ejecutaba la banda de la Guardia Republicana,[13] eran como la atracción al vacío. Almorzaban: comer, para que no le dijeran que comiera, era una de las pequeñas torturas a las que ya se había acostumbrado.

Hacia las tres de la tarde, su padre y sus hermanos se habían retirado del

---

[7] placeras: women selling produce at market stalls. Each district of Lima has a local market.

[8] 'Había decidido' in Alf, AE and P&J, although it is highly unlikely that Manolo would have taken this decision on behalf of the rest of his family.

[9] la misa de Gallo: midnight mass. The Church emerges again here as a significant social institution.

[10] The main meal at Christmas is eaten late on the night of December 24. Two of the central ingredients are panetón, a cake with dried fruit of Italian origin, and thick drinking chocolate to accompany it.

[11] The New Year is greeted with rockets and other fireworks.

[12] The stadium in central Lima where the national football team plays.

[13] Guardia Republicana: an armed branch of the police.

comedor. Quedaba tan sólo su madre, que leía el periódico, de espaldas a la ventana que daba al patio. La plenitud de ese día de verano era insoportable. A través de la ventana, Manolo veía cómo todo estaba inmóvil en el jardín. Ni siquiera el vuelo de una mosca, de esas moscas que se estrellan contra los vidrios, venía a interrumpir tanta inmovilidad. Sobre la mesa, delante de él, una taza de café se enfriaba sin que pudiera hacer nada por traerla hasta sus labios. En una de las paredes (Manolo calculaba cuántos metros tendría), el retrato de un antepasado se estaba burlando de él, y las dos puertas del comedor que llevaban a la otra habitación eran como la puerta de un calabozo, que da siempre al interior de la prisión.

—Es terrible —dijo su madre, de pronto, dejando caer el periódico sobre la mesa—. Las tres de la tarde. La plenitud del día. Es una hora terrible.

—Dura hasta las cinco, más o menos.[14]

—Deberías buscar a tus amigos, Manolo.

—Sabes, mamá, si yo fuera poeta, diría: «Eran las tres de la tarde en la boca del estómago».

—En los vasos, y en las ventanas.

—Las tres de la tarde en las tres de la tarde. Hay que moverse.

«Ante todo, no debo sentarme», pensaba Manolo al pasar del comedor a la sala, y ver cómo los sillones lo invitaban a darse por vencido. Tenía miedo de esos sillones cuyos brazos parecían querer tragárselo. Caminó lentamente hacia la escalera, y subió como un hombre que sube al cadalso. Pasó por delante del dormitorio de su madre, y allí estaba, tirada sobre la cama, pero él sabía que no dormía, y que tenía los ojos abiertos, inmensos. Avanzó hasta su dormitorio, y se dejó caer pesadamente sobre la cama: «La próxima vez que me levante», pensó, «será para ir al centro».

A través de una de las ventanas del ómnibus, Manolo veía cómo las ramas de los árboles se movían lentamente. Disminuía ya la intensidad del sol, y cuando llegara al centro de la ciudad, empezaría a oscurecer. Durante los últimos meses, sus viajes al centro habían sido casi una necesidad. Recordaba que, muchas veces, se iba directamente desde el colegio, sin pasar por su casa, y abandonando a sus amigos que partían a ver la salida de algún colegio de mujeres. Detestaba esos grupos de muchachos que hablan de las mujeres como de un producto alimenticio: «Es muy rica. Es un lomo».

[14] Lima's proximity to the equator means that sunset is between 6 and 7 p.m. all year round, with little seasonal variation.

Creía ver algo distinto en aquellas colegialas con los dedos manchados de tinta, y sus uniformes de virtud. Había visto cómo uno de sus amigos se había trompeado por una chica que le gustaba, y luego, cuando le dejó de gustar, hablaba de ella como si fuera una puta. «Son terribles cuando están en grupo», pensaba, «y yo no soy un héroe para dedicarme a darles la contra».

El centro de Lima estaba lleno de colegios de mujeres, pero Manolo tenía sus preferencias. Casi todos los días, se paraba en la esquina del mismo colegio, y esperaba la salida de las muchachas como un acusado espera su sentencia. Sentía los latidos de su corazón, y sentía que el pecho se le oprimía, y que las manos se le helaban. Era más una tortura que un placer, pero no podía vivir sin ello. Esperaba esos uniformes azules, esos cuellos blancos y almidonados, donde para él se concentraba toda la bondad humana. Esos zapatos, casi de hombres, eran, sin embargo, tan pequeños que lo hacían sentirse muy hombre. Estaba dispuesto a protegerlas a todas, a amarlas a todas, pero no sabía cómo. Esas colegialas que ocultaban sus cabellos bajo un gracioso gorro azul, eran dueñas de su destino. Se moría de frío: ya iba a sonar el timbre. Y cuando sonara, sería como siempre: se quedaría estático, casi paralizado, perdería la voz, las vería aparecer sin poder hacer nada por detener todo eso, y luego, en un supremo esfuerzo, se lanzaría entre ellas, con la mirada fija en la próxima esquina, el cuello tieso, un grito ahogado en la garganta, y una obsesión: alejarse lo suficiente para no ver más, para no sentir más, para descansar, casi para morir. Los pocos días en que no asistía a la salida de ese colegio, las cosas eran aún peor.

El ómnibus se acercaba al jirón de la Unión,[15] y Manolo, de pie, se preparaba para bajar. (Le había cedido el asiento a una señora, y la había odiado: temió, por un momento, que hablara de lo raro que es encontrar un joven bien educado en estos días, que todos los miraran, etc. Había decidido no volver a viajar sentado para evitar esos riesgos.) El ómnibus se detuvo, y Manolo descendió.

Empezaba a oscurecer. Miles de personas caminaban lentamente por el jirón de la Unión. Se detenían en cada tienda, en cada vidriera, mientras Manolo avanzaba perdido entre esa muchedumbre. Su única preocupación era que nadie lo rozara al pasar, y que nadie le fuera a dar un codazo. Le pareció cruzarse con alguien que conocía, pero ya era demasiado

[15] El jirón de la Unión: pedestrianised street in central Lima full of shops, cafes and restaurants.

tarde para voltear a saludarlo. «De la que me libré»,[16] pensó. «¿Y si me encuentro con Salas?» Salas era un compañero de colegio. Estaba en un año superior, y nunca se habían hablado. Prácticamente no se conocían, y sería demasiada coincidencia que se encontraran entre ese tumulto, pero a Manolo le espantaba la idea. Avanzaba. Oscurecía cada vez más, y las luces de neón empezaban a brillar en los avisos luminosos. Quería llegar hasta **la Plaza San Martín**, para dar media vuelta y caminar hasta la Plaza de Armas.[17] Se detuvo a la altura de las Galerías Boza,[18] y miró hacia su reloj: «Las siete de la noche.» Continuó hasta llegar a la Plaza San Martín, y allí sintió repugnancia al ver que un grupo de hombres miraba groseramente a una mujer, y luego se reían a carcajadas. Los colectivos[19] y los ómnibus llegaban repletos de gente. «Las tiendas permanecerán abiertas hasta las nueve de la noche», pensó. «La Plaza de Armas.» Dio media vuelta, y se echó a andar. Una extraña e impresionante palidez en el rostro de la gente era efecto de los avisos luminosos. «Una tristeza eléctrica», pensaba Manolo, tratando de definir el sentimiento que se había apoderado de él. La noche caía sobre la gente, y las luces de neón le daban un aspecto fantasmagórico. Cargados de paquetes, hombres y mujeres pasaban a su lado, mientras avanzaba hacia la Plaza de Armas, como un bañista nadando hacia una boya. No sabía si era odio o amor lo que sentía, ni sabía tampoco si quería continuar esa extraña sumersión, o correr hacia un despoblado. Sólo sabía que estaba preso, que era el prisionero de todo lo que lo rodeaba. Una mujer lo rozó al pasar, y estuvo a punto de soltar un grito, pero en ese instante hubo ante sus ojos una muchacha. Una **pálida** chiquilla lo había mirado caminando. Vestía íntegramente de blanco. Manolo se detuvo. Ella sentiría que la estaba mirando, y él estaba seguro de haberle comunicado algo. No sabía qué. Sabía que esos ojos tan negros y tan grandes eran como una voz, y que también le habían dicho algo. Le pareció que las luces de neón se estaban apoderando de esa cara. Esa cara se estaba electrizando, y era preciso sacarla de allí antes de que se muriera. La muchacha se alejaba, y Manolo la contemplaba calculando que tenía catorce años. «Pobre de ti, noche, si la tocas», pensó.

Se había detenido al llegar a la puerta de la iglesia de la Merced. Veía

[16] De la que me libré: that was a narrow escape.
[17] la Plaza de Armas: Lima's main square, dating from the Spanish founding of the city in 1535.
[18] Galerías Boza: well-known shopping arcade on the jirón de la Unión.
[19] colectivos: large cars that carry up to 6 people along fixed routes, a half-way house between taxis and buses.

91

cómo la gente entraba y salía del templo, y pensaba que entraban más para descansar que para rezar, tan cargados venían de paquetes. Serían las ocho de la noche, cuando Manolo, parado ahora de espaldas a la iglesia, observaba una larga cola de compradores, ante la tienda Monterrey.[20] Todos llevaban paquetes en las manos, pero todos tenían aún algo más que comprar. De pronto, distinguió a una mujer que llevaba un balde de playa y una pequeña lampa de lata. Vestía un horroroso traje floreado, y con la basta descosida. Era un traje muy viejo, y le quedaba demasiado grande. Le faltaban varios dientes, y le veía las piernas chuecas, muy chuecas. El balde y la pequeña lampa de lata estaban mal envueltos en papel de periódico, y él podía ver que eran de pésima calidad. «Los llevará un domingo, en tranvía,[21] a la playa más inmunda. Cargada de hijos llorando. Se bañará en fustán», pensó. Esa mujer, fuera de lugar en esa cola, con la boca sin dientes abierta de fatiga como si fuera idiota, y chueca chueca, lo conmovió hasta sentir que sus ojos estaban bañados en lágrimas. Era preciso marcharse. Largarse. «Yo me largo.» Era preciso desaparecer. Y, sobre todo, no encontrar a ninguno de sus odiados conocidos.

Desde su cama, con la habitación a oscuras, Manolo escuchaba a sus hermanas conversar mientras se preparaban para la misa de Gallo, y sentía un ligero temblor en la boca del estómago. Su único deseo era que todo aquello comenzara pronto para que terminara de una vez por todas. Se incorporó al escuchar la voz de su padre que los llamaba para partir. «Voy», respondió al oír su nombre, y bajó lentamente las escaleras. Partieron.

Conocía a casi todos los que estaban en la iglesia. Eran los mismos de los domingos, los mismos de siempre. Familias enteras ocupaban las bancas, y el calor era muy fuerte. Manolo, parado entre sus padres y hermanos, buscaba con la mirada a alguien a quien cederle el asiento. Tendría que hacerlo, pues la iglesia se iba llenando de gente, y quería salir de eso lo antes posible. Vio que una amiga de su madre se acercaba, y le dejó su lugar, a pesar de que aún quedaban espacios libres en otras bancas.

Estaba recostado contra una columna de mármol, y desde allí paseaba la mirada por toda la iglesia. Muchos de los asistentes, bronceados por el sol, habían empezado a ir a la playa. Las muchachas le impresionaban con sus pañuelos de seda en la cabeza. Esos pañuelos de seda, que **ocultando**

[20] Monterrey: one of Lima's first supermarket chains, now closed down.
[21] tranvía: trams ran between Lima and Miraflores from the early twentieth century, and they were widely used in the city before closing down in the late 1960s.

una parte del rostro, hacen resaltar los ojos, lo impresionaban al punto de encontrarse con las manos pegadas a la columna; fuertemente apoyadas, como si quisiera hacerla retroceder. «Sansón», pensó.

Había detenido la mirada en el pálido rostro de una muchacha que llevaba un pañuelo de seda en la cabeza, y cuyos ojos resaltaban de una manera extraña. Miraban hacia el altar con tal intensidad que parecían estar viendo a Dios. La contemplaba. Imposible dejar de contemplarla. Manolo empezaba a sentir que todo alrededor suyo iba desapareciendo, y que en la iglesia sólo quedaba aquel rostro tan desconocido y lejano. Temía que ella lo descubriera mirándola, y no poder continuar con ese placer. ¿Placer? «Debe hacer calor en la iglesia», pensó, mientras comprobaba que sus manos estaban más frías que el mármol de la columna.

La música del órgano resonaba por toda la iglesia, y Manolo sentía como si algo fuera a estallar. «Los ojos. Es peor que bonita.» En las bancas, los hombres caían sobre sus rodillas, como si esa música que venía desde el fondo del templo los golpeara sobre los hombros, haciéndolos caer prosternados ante un Dios recién descubierto y obligatorio. Esa música parecía que iba a derrumbar las paredes, hasta que, de pronto, un profundo y negro silencio se apoderó del templo, y era como si hubieran matado al organista.[22] «Tan negros y tan brillantes.» Un sacerdote subió al púlpito, y anunció que Jesús había nacido, y el órgano resonó nuevamente sobre los hombros de los fieles, y Manolo sintió que se moría de amor, y la gente ya quería salir para desearse «feliz Navidad». Terminada la ceremonia, si alguien le hubiera dicho que se había desmayado, él lo hubiera creído. Salían. El mundo andaba muy bien aquella noche en la puerta de la iglesia, mientras Manolo no encontraba a la muchacha que parecía haber visto a Dios.

Al llegar a su casa, sin pensarlo, Manolo se dirigió a un pequeño baño que había en el primer piso. Cerró la puerta, y se dio cuenta de que no era necesario que estuviera allí. Se miró en el espejo, sobre el lavatorio, y recordó que tenía que besar a sus padres y hermanos: era la costumbre, antes de la cena. ¡Feliz Navidad con besos y abrazos! Trató de orinar. Inútil. Desde el comedor, su madre lo estaba llamando. Abrió la puerta, y encontró a su perro que lo miraba como si quisiera enterarse de lo que estaba pasando. Se agachó para acariciarlo, y avanzó hasta llegar al comedor. Al entrar, continuaba siempre agachado y acariciando al perro

---

[22] 'como si hubiera matado al organista' in P&J, with Manolo as the killer rather than an impersonal construction. Given his sensitivity, this is highly unlikely.

que caminaba a su lado. Avanzaba hacia los zapatos blancos de una de sus hermanas, hasta que, torpemente, se lanzó sobre ella para abrazarla. No logró besarla. «Feliz Navidad», iba repitiendo mientras cumplía con las reglas del juego. Los regalos.

Cenaban. «Esos besos y abrazos que uno tiene que dar ... », pensaba. «Esos cariños.» Daría la vida por cada uno de sus hermanos. «Pero uno no da la vida en un día establecido ... » Recordaba aquel cumpleaños de su hermana preferida: se había marchado a la casa de un amigo para no tener que saludarla, pero luego había sentido remordimientos, y la había llamado por teléfono: «Qué loco soy.» Cenaban. El chocolate estaba demasiado caliente, y con tanto sueño era difícil encontrar algo de qué hablar mientras se enfriaba. «No es el mejor panetón del mundo, pero es el único que quedaba», comentó su padre. Manolo sentía que su madre lo estaba mirando, y no se atrevía a levantar los ojos de la mesa. A lo lejos, se escuchaban los estallidos de los cohetes, y pensaba que su perro debía estar aterrorizado. Bebían el chocolate. «Tengo que ir a ver al perro. Debe estar muerto de miedo.» En ese momento, uno de sus hermanos bostezó, y se disculpó diciendo que se había levantado muy temprano esa mañana. Permanecían en silencio, y Manolo esperaba que llegara el momento de ir a ver a su perro. De pronto, uno de sus hermanos se puso de pie: «Creo que me voy a acostar», dijo dirigiéndose lentamente hacia la puerta del comedor. Desapareció. Los demás siguieron el ejemplo.

En el patio, Manolo acariciaba a su perro. Había algo en la atmósfera que lo hacía sentirse nuevamente como en la iglesia. Le parecía que tenía algo que decir. Algo que decirle a alguna persona que no conocía; a muchas personas que no conocía. Escuchaba el estallido de los cohetes, y sentía deseos de salir a caminar.

Hacia las tres de la madrugada, Manolo continuaba su extraño paseo. Hacia las cuatro de la madrugada, un hombre quedó sorprendido, al cruzarse con un muchacho de unos quince años, que caminaba con el rostro bañado en lágrimas.

'Una mano en las cuerdas
(páginas de un diario)'

El Country Club es uno de los hoteles más elegantes de Lima, y dicen que tiene más de cien habitaciones. Está situado en San Isidro,[1] barrio residencial, a unos veinte minutos en automóvil del centro de Lima, y rodeado de hermosos jardines. Durante el verano, mucha gente viene a bañarse en las piscinas del club, y a jugar tenis. Para los muchachos en vacaciones escolares o universitarias,[2] es un entretenido centro de reunión.

3 de enero

Esta mañana he ido al Country por primera vez en estas vacaciones. Encontré, como siempre, a muchos amigos. Todos fuman, y me parece que Enrique fuma demasiado. Enrique me ha presentado a su enamorada. Es muy bonita, pero cuando me mira parece que se burlara de mí. Se besan todo el tiempo, y es muy incómodo estar con ellos. Yo sé que a Enrique le gusta estar conmigo,[3] pero si siguen así, no voy a poder acercarme. Enrique no hace más que fumar y besar a Carmen. Carlos también tiene enamorada, pero creo que lo hace por pasar el verano bien acompañado. No es ni bonita, ni inteligente. Es fea. Los demás no tenemos enamorada. Este verano empieza bien. Hay muchas chicas nuevas, y algunas mocosas del año pasado se han puesto muy bonitas. Veremos. Regresaré como siempre a almorzar a mi casa ...

11 de enero

Hoy he visto a la chica más maravillosa del mundo. Es la primera vez que viene a la piscina, y nadie la conoce. Llegó cuando ya iban a cerrar la puerta. Sólo vino a recoger a un chiquillo que debe ser su hermano. Me ha encantado. ¿Qué puedo hacer? No me atreví a seguirla. ¿Quién será? Todo sucedió tan rápido que no tuve tiempo para nada. Me puse demasiado

[1] San Isidro emerged in the 1920s as an elite residential zone between central Lima and Miraflores, but was more (upper) middle-class by the 1960s.
[2] The summer holidays in Peru last from just before Christmas to late March.
[3] 'Yo sé que Enrique le gusta estar conmigo' in AE and P&J.

nervioso. Hacía rato que estaba sentado en esa banca, sin saber que ella estaba detrás de mí. No sé cómo se me ocurrió voltear. Se ha dado cuenta de que la he mirado mucho, pero no nos hemos atrevido a mirarnos al mismo tiempo. Si no regresa, estoy perdido. Tengo que ir a la piscina todos los días, por la mañana y por la tarde. Tengo que ...

15 de enero

Parece que seguirá viniendo todos los días. Nadie la conoce, y tengo miedo de pedirle ayuda a Carlos o a Enrique. Serían capaces de tomarlo a la broma ...

16 de enero

La he seguido. No se ha dado cuenta de que la he seguido. Vive cerca de mi casa. No me explico cómo no la he visto antes. Tal vez sea nueva por aquí ... ¡Qué miedo me dio seguirla! Ya sé dónde vive. Tengo que conocerla. Mañana ...

20 de enero

¡Se llama Cecilia!

No sé qué pensar de Piltrafa.[4] Todos dicen que es un ladrón, que es maricón, y que es un hipócrita. No sé qué pensar, porque a mí me ha hecho el más grande favor que se me podía hacer. Me la ha presentado. Y, sin embargo, tengo ganas de matarlo. Me cobró un sol. Yo hubiera pagado mil. Fue la forma en que me la presentó lo que me da ganas de matarlo. Me traicionó. Le dijo que yo le había pagado un sol para que me la presentara. Ella se rió, y yo no sabía qué cara poner. Se ha dado cuenta de que me gusta. La quiero mucho, pero me molesta que lo sepa desde ahora. Mis amigos dicen que eso me ayudará. No sé ...

30 de enero

¡La adoro! La veo todos los días. Viene a la piscina por las mañanas y por las tardes. Tenemos nuestra banca, como Enrique y como Carlos. Los mocosos son una pesadilla. Nos miran y se ríen de nosotros. Ella tiene miedo de que su hermano nos vea. Se la he presentado a Carlos y a Enrique. Dicen que es muy bonita, pero no me gusta cuando Carlos dice que tiene muy buenos brazos. Lo dice en broma, pero no me gusta.

---

[4] Piltrafa: nickname typically derived from physical appearance. Literally refers to intestines and other off-cuts of meat; here means skinny.

Carmen, la enamorada de Enrique, me ha prometido hacerme el bajo.[5]
Ella es mayor y entiende de esas cosas. ¡Qué complicado es todo! Ahora
me dicen que disimule; que no la deje entender que estoy templado. ¡Qué
difícil! Además ella ya lo sabe. Mañana voy a decirle para acompañarla
hasta su casa ...

31 de enero
Hoy la acompañé hasta su casa. Nadie sabe cuánto la quiero.
Salieron.[6] Habían estado toda la mañana sentados en su banca, y por la
tarde se habían bañado juntos. Ahora, él la acompañaba hasta su casa por
primera vez. Cecilia se moría de miedo de que su hermano le acusara a su
mamá. Manolo también tenía miedo. «Ese mocoso es una pesadilla»,
pensaba, pero al mismo tiempo se sentía feliz de acompañarla. ¡Cuánto
la quería mientras caminaba a su lado! La veía con su traje blanco y sus
zapatos blancos, y eso de que fuera hija de austríacos le parecía la cosa más
exótica del mundo. La adoraba mientras la miraba de perfil y comprobaba
que su nariz era muy **respingada**, y que tenía las manos muy blancas y
limpias. Adoraba el movimiento de sus pies al caminar. «**Es linda. Debe
ser buenísima.** Parece un pato.» Y desde entonces la llamó «pato», y a
ella no le molestaba porque le gustaban los patos, y le gustaban las bromas.
La adoraba cuando se reía, y se le arrugaba la nariz: «Es tan linda». Al
llegar a una esquina, Cecilia le señaló su casa, y le dijo que era mejor que
se despidieran allí. Manolo le confesó que ya conocía la casa, y que la
había seguido un día. Ella sonrió, y le dijo que mañana también iría a la
piscina.

7 de febrero
La acompaño todos los días hasta la puerta de su casa. Su mamá nos ha
visto, pero se hace la que no se da cuenta, y no se molesta. Creo que es
buena gente. ¡Cecilia no sabe cuánto la quiero! Es tan difícil decir todo lo
que uno siente. Hoy, por ejemplo, cuando regresábamos de la piscina, ella
me dijo que sus padres la habían amenazado con ponerla interna porque
sus notas no habían sido muy buenas. Me di cuenta de que eso la preocu-
paba mucho. Hubiera querido abrazarla. Hubiera querido decirle que si la
mandaban interna, yo iría a verla todos los días por la ventana del colegio
(no sé cómo, porque yo también estoy interno). Quise decirle tantas cosas,

---

[5] hacerme el bajo: to help me get to know her.
[6] Note the change of verb tense and person to mark a clear shift in narrative perspective.

y sólo me atreví a decir que no se preocupara, que todos los padres dicen lo mismo. Es terrible lo poco que uno dice, y lo mucho que siente. La quiero tanto ...

10 de febrero

Podría morirme. Ayer Cecilia no vino a la piscina porque una compañera de clase la había invitado. La extrañé mucho. Carlos y Enrique se burlaban. Hoy la he visto nuevamente. ¡Qué maravilloso fue verla entrar! Parecía un pato. Ya todos mis amigos la llaman «pato», y yo le he regalado una figura de un pato que hizo uno de mis hermanos. Pero Cecilia me ha contado algo terrible. Ayer, en casa de su amiga, estuvo con César. César es el don Juan de mi colegio. Es el mayor de todo el colegio y un matón. No puedo tolerarlo. Me parece que me voy a volver loco encerrado aquí, en mi cuarto. ¿Cómo hacer para que no regrese donde esa amiga? Tengo que hablar con Carmen. No debo escribir más. Esto no es de hombre. Pero podría morirme ...

12 de febrero

Hoy Cecilia y yo casi nos hemos muerto de vergüenza. Estábamos regresando a su casa. No sé por qué me sentía tan decidido. Me parecía que de un momento a otro me iba a declarar. ¡Si no hubiera sido por esos malditos perros! Casi nos hemos muerto de vergüenza. Estaba uno montado sobre el otro. Yo los vi desde que entramos a esa calle, pero no sabía qué hacer. Quería regresar, pero cómo le explicaba a Cecilia. No podía pensar, y cuando traté de hablar ya ella estaba más colorada que yo. Los perros seguían. Estaban cachando ... No pudimos hablar hasta que llegamos a su casa. Pero «no hay mal que por bien no venga», porque Cecilia me presentó a su mamá, y con lo confundido que estaba casi no me importó. Creo que la señora ...

15 de febrero

Y ahora tengo que invitar a Cecilia al cine. Mis amigos están preparando todo. En el cine, tengo que pasarle el brazo un rato después de que empiece la película. Si no protesta, debo tratar de acariciarle el hombro. En la fila de atrás estarán Enrique con Carmen y Carlos con Vicky. Ellos se encargarán de darme valor. Pepe y el Chino se sentarán, uno a cada lado nuestro, y hacia la mitad de la película cambiarán de asiento, alegando no ver bien. Así podré actuar sin que los vecinos me molesten. Ellos llegarán antes que yo, para coger asiento. Todo esto me parece imposible. Si Cecilia se da cuenta podría molestarse. Hasta cuándo durará todo esto. Sería tan fácil que la llamara por teléfono en este instante y le dijera cuánto la quiero. ¡Qué manera de complicarme la vida! Si todo terminara en el cine; pero no: por la noche, iremos al Parque Salazar,[7] y allí tengo que declararme.

16 de febrero
¡Estoy feliz! Estoy muy nervioso. Cecilia ha aceptado mi invitación. Iremos todos al cine Orrantia.[8] Sus padres la llevarán, y yo debo esperarla en la puerta a las tres y media de la tarde. Mis amigos entrarán un rato antes para coger los asientos. Dice Cecilia que después irá a tomar el té a casa de una amiga, en Miraflores, y que luego irán al Parque Salazar juntas. Creo que la primera parte ha salido bien. Estoy muy nervioso, pero estoy contento.

17 de febrero
Soy el hombre más feliz de la tierra. Cecilia. ¡Cecilia! No puedo escribir. No podré dormir. ¡No importa!

No se hizo esperar. A las tres y media, en punto, Manolo la vio descender del automóvil de sus padres, en la puerta del cine. ¡Qué linda! ¡Qué bien le quedaba aquel traje verde! Era la primera vez que la veía con tacón alto. Más alta, más bonita, más graciosa. **Parecía un pato en una revista en colores para niños.**

—Cecilia.

—Hola, Manolo. ¿Y tus amigos?

—Nos esperan adentro. Están guardándonos sitio. Ya tengo las entradas.

—Gracias.

Manolo sabía dónde estaban sus amigos. Avanzó hacia ellos, y esperó de pie, mientras Cecilia los saludaba. Se sentía incapaz de hacer lo que tenía que hacer, pues temía que ella se diera cuenta de que todo aquello estaba planeado. Sin embargo, Cecilia, muy tranquila y sonriente, parecía ignorar lo que estaba pasando. Se sentaron.

—No se vayan —le decía Manolo al **Chino**, que estaba a su izquierda. Pero el Chino no le hacía caso—. No te vayas, Pepe.

—No te muñequees, Manolo —dijo Pepe, en voz baja, para que Cecilia no lo escuchara.

[7] A park on the top of the cliffs in Miraflores, looking over the Pacific, *the* place to be seen with your partner. Now converted into a seafront shopping mall.
[8] One of the most well-known cinemas in San Isidro.

Las luces se apagaron, y empezó la función. Manolo sentía que alguien golpeaba su butaca por detrás: «Es Carlos.» Cecilia miraba tranquilamente hacia el ecran, y no parecía darse cuenta de nada. Estaban pasando un corto de dibujos animados. Faltaba aún el noticiario, y luego el intermedio. Manolo no sabía cómo se llamaba la película que iban a ver. Había enmudecido.

Durante el intermedio, Cecilia volteó a conversar con Carmen y Vicky, sentadas ambas en la fila de atrás. Manolo, por su parte, conversaba con Carlos y Enrique. Le parecía que todo eso era un complot contra Cecilia, y se ponía muy nervioso al pensar que podía descubrirlo. Miró a Carmen, y ella le guiñó el ojo como si quisiera decirle que las cosas marchaban bien. Cecilia, muy tranquila, parecía no darse cuenta de lo que estaba pasando. De vez en cuando miraba a Manolo y sonreía. Las luces se apagaron por segunda vez, y Manolo se cogió fuertemente de los brazos de su asiento.

No podía voltear a mirarla. Sentía que el cuello se le había endurecido, y le era imposible apartar la mirada del ecran. Era una película de guerra y ante sus ojos volaban casas, puentes y tanques. Había una bulla infernal, y, sin embargo, todo aquello parecía muy lejano. No lograba comprender muy bien lo que estaba ocurriendo, y por más que trataba de concentrarse, le era casi imposible seguir el hilo de la acción. Recordó que Pepe y el Chino se iban a marchar pronto, y sintió verdadero terror. Cecilia se iba a dar cuenta. Se iba a molestar. Todo se iba a arruinar. En el ecran, un soldado y una mujer se besaban cinematográficamente en una habitación a oscuras.

—No veo nada —dijo Pepe—. Voy a cambiarme de asiento.

—Yo también —agregó el Chino, pidiendo permiso para salir.

«Se tiene que haber dado cuenta. Debe estar furiosa», pensó Manolo, atreviéndose a mirarla de reojo: sonriente, Cecilia miraba al soldado, que continuaba besando a la mujer en el ecran. «Parece que no se ha dado cuenta», pensó mientras sentía que sus amigos, atrás, empezaban nuevamente a golpear su butaca. «Tengo que mirarla.» Pero en ese instante estalló una bomba en el ecran y Manolo se crispó. «Tengo que mirarla.» Volteó: en la oscuridad, Cecilia era la mujer más hermosa del mundo. «No pateen, desgraciados.» Pero sus amigos continuaban. Continuaron hasta que vieron que el brazo derecho de Manolo se alzaba lentamente. Lenta y temblorosamente. «¿Por qué no patean ahora?», se preguntaba suplicante. Se le había paralizado el brazo. No podía hacerlo descender. Se le había quedado así, vertical, como el asta de una bandera. Alguien pateó su butaca por detrás, y el brazo empezó a descender torpemente, y sin dirección. Manolo lo sintió resbalar por la parte posterior del asiento que ocupaba Cecilia, hasta posarse sobre algo suave y blando: «La pierna de Vicky», se dijo, aterrorizado. Pero en ese instante, sintió que alguien lo levantaba y lo colocaba sobre el hombro de Cecilia. La miró sonriente, la mirada fija en el ecran, **Cecilia parecía no haberse dado cuenta de todo lo que había ocurrido.**

La moda: formidable solución para nuestra falta de originalidad. El Parque Salazar estaba tan de moda en esos días, que no faltaban quienes hablaban de él como del «parquecito». Hacía años que muchachos y muchachas de todas las edades venían sábados y domingos en busca de su futuro amor, de su actual amor, o de su antiguo amor. Lo importante era venir, y si uno vivía en el centro de Lima y tenía una novia en Chucuito,[9] la iba a buscar hasta allá, para traerla hasta Miraflores, hasta el «parquecito» Salazar. Incomodidades de la moda: comodidades para nuestra falta de imaginación. Esta limeñísima institución cobró tal auge (creo que así diría don **Ricardo Palma**), que fue preciso que las autoridades intervinieran. Se decidió ampliar y embellecer el parque. Lo ampliaron, lo embellecieron, y los muchachos se fueron a buscar el amor a otra parte.

Manolo no comprendía muy bien eso de ir al Parque Salazar. Le incomodaba verse rodeado de gente que hacía exactamente lo mismo que él, pero no le quedaba más remedio que someterse a las reglas del juego. Y dar vueltas al parque, con Cecilia, hasta marearse, era parte del juego. No podía hablarle, y tenía que hablarle antes de que se enfriara todo lo del cine. «Esperaré unos minutos más, y luego le diré para regresar a casa de su amiga», pensó. Era la mejor solución. Ella no se opondría, pues, allí la iban a recoger sus padres, y en cuanto a la amiga, lo único que le interesaba era estar a solas con su enamorado. Tampoco se opondría. Sus amigos habían decidido dejarlo en paz esa noche. Les había prometido declararse, y estaba dispuesto a hacerlo.

Caminaban hacia la quebrada de Armendáriz.[10] Cecilia había aceptado regresar a casa de su amiga, y pasarían aún dos horas antes de que vinieran a recogerla. Tendrían tiempo para estar solos y conversar. Manolo sabía que había llegado el momento de declararse, pero no sabía cómo empezar, y todo era cosa de empezar. Después, sería fácil.

—Llegamos —dijo Cecilia.

[9] District of Callao, the port that lies some 12 km from the centre of Lima.
[10] Gorge in the cliff that separates Miraflores from the neighbouring district of Barranco.

—Podemos quedarnos aquí, afuera.

Era una casa de cualquier estilo, o como muchas en Lima, de todos los estilos. Un muro bastante bajo separaba el jardín exterior de la vereda. Al centro del muro, entre dos pilares, una pequeña puerta de madera daba acceso al jardín. Manolo y Cecilia se habían sentado sobre el muro, y permanecían en silencio mientras él buscaba las palabras apropiadas para declararse, y **ella estudiaba su respuesta**. Una extraña idea rondaba la mente de Manolo.

—Cecilia. ¿Me permites hacer una locura?

—Todo depende de lo que sea.

—Di que sí. Es una tontería.

—Bueno, pero dime de qué se trata.

—¿Lo harás?

—Sí, pero dímelo.

—¿Podrías subirte un momento sobre este pilar?

—Bueno, pero estás chiflado.

La amaba mientras subía al muro, y le parecía que era una muchacha maravillosa porque había aceptado subir. Desde la vereda, Manolo la contemplaba mientras se llevaba ambas manos a las rodillas, cubriéndolas con su falda para que no le viera las piernas.

—Ya, Manolo. Apúrate. Nos van a ver, y van a pensar que estamos locos.

—Te quiero, Cecilia. Tienes que ser mi enamorada.

—¿Para eso me has hecho subirme aquí?

Cecilia dio un salto, y cayó pesadamente sobre la vereda como una estatua que cae de su pedestal. Lo miró sonriente, pero luego recordó que debía ponerse muy seria.

—Cecilia ...

—Manolo —dijo Cecilia, en voz muy baja, y mirando hacia el suelo—. Mis amigas me han dicho que cuando un muchacho se te declara, debes hacerlo esperar. Dicen que tienes que asegurarte primero. Pero yo soy distinta, Manolo. No puedo mentir. Hace tiempo que tú también me gustas y te mentiría si te dijera que ... Tú también me gustas, Manolo ...

A las nueve de la noche, los padres de Cecilia vinieron a recogerla. Manolo la vio partir, y luego corrió a contarle a sus amigos por qué esa noche era la noche más feliz de su vida.

2 de marzo

Nos vemos todos los días, mañana y tarde, en la piscina. Tenemos nuestra banca, y ahora tenemos derecho a permanecer largo rato con Carmen y con Enrique, con Carlos y con Vicky. Hoy le he cogido la mano por primera vez. Sentí que uno de los más viejos sueños de mi vida se estaba realizando. Sin embargo, después sentí un inmenso vacío. Era como si hubiera despertado de un sueño. Creo que es mejor soñar. Me gustaría que las cosas vinieran con más naturalidad. Todavía me falta besarla. Según Carlos, debo besarla primero disimuladamente, mientras estamos en nuestra banca. Después tendré que llevarla a pasear por los jardines, entre los árboles. ¿Hasta cuándo no podré quererla en paz? La adoro. Tenemos nuestra banca. Tenemos nuestro cine, pero nada es tan importante como la calle y el muro que tenemos en Miraflores ...

6 de marzo
Hoy llevé a Cecilia por los jardines. Nos escondimos entre unos árboles, y **la besé muchas veces**. Nos abrazábamos con mucha fuerza. Ella me dijo que era el primer hombre que la besaba. Yo seguí los consejos de Enrique, y le dije que ya había besado a otras chicas antes. Enrique dice que uno nunca debe decirle a una mujer que es la primera vez que besa, o cualquier otra cosa. Me dio pena mentirle. Hacía mucho rato que nos estábamos besando, y yo tenía miedo de que alguien viniera. Cecilia no quería irse. Un jardinero nos descubrió y fue terrible. Nos miraba sin decir nada, y nosotros no sabíamos qué hacer. Regresamos corriendo hasta la piscina. Todo esto tiene algo de ridículo. Cecilia se quedó muy asustada, y me dijo que teníamos que ir a misa juntos y confesarnos ...

7 de marzo
Hoy nos hemos confesado. No sabía qué decirle al padre. Enrique dice que no es pecado, pero Cecilia tenía cada vez más miedo. A mí me provocaba besarla de nuevo para ver si era pecado. No me atreví. Gracias a Dios, ella se confesó primero. Yo la seguí y creo que el padre se dio cuenta de que era su enamorado. Me preguntó si besaba a mi enamorada, antes de que yo le dijera nada. Al final de la misa nos vio salir juntos y se sonrió.

Cecilia me ha pedido que vayamos a misa juntos todos los domingos. Me parece una buena idea. Iremos a misa de once, y de esa manera podré verla también los domingos por la mañana. Además, estaba tan bonita en la iglesia. Se cubre la cabeza con un pañuelo de seda blanco, y su nariz respingada resalta. Se pone linda cuando reza, y a mí me gusta mirarla de reojo. Tiene un misal negro, inmenso, y muy viejo. Dice que se lo regaló una tía que es monja, cuando hizo su primera comunión. Lo tiene lleno de estampas,[11] y entre las estampas hay una foto mía. Me ha confesado que le gusta mirarla cuando reza. Cecilia es muy buena ...

14 de marzo

No me gusta tener que escribir esto, pero creo que no me queda más remedio que hacerlo. Dejar de decir una cosa que es verdad, es casi como mentir. Nunca dejaré que lean esto. Sólo sé que ahora odio a César más que nunca. Lo odio. Si Cecilia lo conociera mejor, también lo odiaría.

La estaba esperando en la puerta del cine Orrantia (nuestro cine). Todo marchaba muy bien hasta que pasó el imbécil de César. Me preguntó si estaba esperando a Cecilia. Le contesté que sí. Se rió como si se estuviera burlando de mí, y me preguntó si alguna vez me había imaginado a Cecilia cagando. Luego se largó muerto de risa. No sé cómo explicar lo que sentí. Esa grosería. La asquerosidad de ese imbécil. Me parecía ver imágenes. Rechazaba todo lo que se me venía a la imaginación. Sólo sé que cuando Cecilia llegó, me costaba trabajo mirarla. Le digo que la adoro, y siento casi un escalofrío. Pero la voy a querer toda mi vida.

La amaba porque era un muchacho de quince años, y porque ella era una muchacha de quince años. Cuando hablaba de Cecilia, Manolo hablaba siempre de su nariz respingada y de sus ojos negros; de sus pecas que le quedaban tan graciosas y de sus zapatos blancos. Hablaba de las faldas escocesas de Cecilia, de sus ocurrencias y de sus bromas. Le cogía la mano, la besaba, pero todo eso tenía para él algo de lección difícil de aprender. De esas lecciones que hay que repasar, de vez en cuando, para no olvidarlas. No prestaba mucha atención cuando sus amigos le decían que Cecilia tenía buenos brazos y bonitas piernas.[12] Su amor era su amor. Él lo había creado[13] y quería conservarlo como a él le gustaba. Cecilia tenía más de pato, de ángel, y de colegiala, que de mujer. Cuando le cogía la mano era para acariciarla. Le hablaba para que ella le contestara, y así poder escuchar su voz. Cuando la abrazaba, era para protegerla (casi nunca la abrazaba de día). No conocía otra manera de amar. ¿Había, siquiera, otra manera de amar? No conocía aún el amor de esa madre, que sonriente, sostenía con

[11] Further indications of the influence of religion on society: first communion was a major social event, and 'estampas' are cards with religious images.

[12] All three editions have 'Cecilia tenía brazos y bonitas piernas', but having arms is unremarkable, and in the entry for 30 January 'Carlos dice que tiene muy buenos brazos.' Its inclusion highlights the difference in perspectives between that of Manolo and that of his friends.

[13] 'habría creado' in AE and P&J.

una mano la frente del hijo enfermo, y con la otra, la palangana en que rebalsaba el vómito. Sonreía porque sabía que vomitar lo aliviaría. Manolo no tenía la culpa. Cecilia era su amor.

18 de marzo

Hoy castigaron a Cecilia, pero ella es muy viva, y no sé qué pretexto inventó para ir a casa de una amiga. Yo la recogí allí, y nos escapamos hasta Chaclacayo. Somos unos bárbaros, pero ya pasó el susto, y creo que ha sido un día maravilloso. Llegamos a la hora del almuerzo. Comimos anticuchos, choclos, y picarones,[14] en una chingana. Yo tomé una cerveza, y ella una gaseosa. Por la radio, escuchamos una serie de canciones de moda. Dice Cecilia que cuando empiece el colegio, nos van a invitar a muchas fiestas, y que tenemos que escoger nuestra canción. La chingana estaba llena de camioneros, y a mí me daba vergüenza cuando decían lisuras, pero Cecilia se reía y no les tenía miedo. Ellos también se rieron con nosotros. Nos alcanzó la plata con las justas, pero pudimos guardar lo suficiente para el regreso. Al salir, caminamos hasta Santa Inés. Es un lugar muy bonito, y el sol hace que todo parezca maravilloso. Nos paseamos un rato largo, y luego decidimos bajar hasta el río. Allí nos quitamos los zapatos y las medias, y nos remangamos los pantalones. Nos metimos al río, hicimos una verdadera batalla de agua. Somos unos locos. Salimos empapados, pero nos quedamos sentados al borde del río, y nuestra ropa empezó a secarse. Cazamos algunos renacuajos, pero nos dio pena, y los devolvimos al río antes de que se murieran. Debe haber sido en ese momento que la empecé a besar. Estaba echada de espaldas, sobre la hierba. Sentía su respiración en mi pecho. Cecilia estaba muy colorada. Hacía un calor bárbaro. Nos besamos hasta que el sol empezó a irse. Nos besamos hasta que nos dio mucho miedo.[15] Nos quedamos mudos un rato largo. Cecilia fue la primera en hablar. Me dijo que nuestra ropa ya se había secado.

Era ya de noche cuando regresamos a Lima. Nadie sabrá nunca cuánto nos queríamos en el ómnibus. Nos dio mucha risa cuando ella encontró un pedazo de pasto seco entre sus cabellos. La quiero muchísimo. Volveremos a Chaclacayo y a Santa Inés.

---

[14] 'anticuchos' are hearts served like a kebab; 'choclos' are large-grained corn-on-the-cob; 'picarones' are sweet fritters served with honey. All are typical dishes of Lima.
[15] This last sentence is absent in P&J but present in both AE and Alf. Its presence highlights the relative innocence of Manolo and Cecilia alike.

25 de marzo

Detesto esas tías que vienen de vez en cuando a la casa, y me dicen que he crecido mucho. Sin embargo, parece que esta vez es verdad. Cecilia y yo hemos crecido. Hoy tuvimos que ir, ella donde la costurera, y yo donde el sastre, para que le bajen la basta a nuestros uniformes del colegio. La adoraba mientras me probaba el uniforme, y me imaginaba lo graciosa que quedaría ella con el suyo. Le he comprado una insignia de mi colegio, y se la voy a regalar para que la lleve siempre en su maleta. Estoy seguro de que ella también pensaba en mí mientras se probaba su uniforme.

11 de abril

Es nuestro último año de colegio. Vamos a terminar los dos de dieciséis años, pero yo los cumplo tres meses antes que ella. Estoy nuevamente interno. Es terrible. No nos han dejado salir el primer fin de semana. Dicen que tenemos que acostumbrarnos al internado. Recién la veré el sábado. Tengo que hacerme amigo de uno de los externos para que nos sirva de correo.

Estoy triste y estoy preocupado. Estaba leyendo unos cuentos de Chéjov,[16] y he encontrado una frase que dice: «Porque en el amor, aquel que más ama, es el más débil.» Me gustaría ver a Cecilia.

---

[16] 'Chejov' in AE and P&J. Anton Pavlovich Chekhov (1860–1904), Russian dramatist and one of the first recognised short-story writers.

'Un amigo de cuarenta y cuatro años'

Aún recuerda los días pasados en aquel colegio. Los amigos. Las fotografías de las enamoradas de los amigos. Las lavanderas tan feas. Los jardines y sus jardineros. Los profesores. Un profesor. Las pocas muchachas que pasaban por allí. El pescado de los viernes. La salida de los sábados. ¿Los libros? Aún recuerda … Pero, ¿por qué dice que «aún recuerda»?, cuando jamás olvidará que allí vivió intensamente, y vivir intensamente es lo único que le interesa.

Los Ángeles. Todo alrededor del **colegio de San E.** empezaba a perder importancia. Se habían llevado a Huampaní[1] el antiguo puente sobre el Rímac,[2] que traía el tráfico hasta la puerta del colegio. No recuerda qué trenes se detenían, y cuáles no se detenían en la garita, frente al San E. Sólo recuerda que siempre bajaban aquellos postes sobre la pista, y que rara vez veían un automóvil esperar el paso del tren. Las casas que rodeaban el colegio, entre los cerros, y entre los árboles, parecían estar siempre cerradas. Decían que un famoso diputado tenía una querida francesa, y que venían siempre a una de esas casas, pero él, que se interesaba en la historia del San E., nunca los llegó a ver. Los jardineros hablaban de jardines muy bellos, pero eran otros jardines. Hotel de lujo en sus buenos tiempos, el local del San E., colegio inglés, parecía una de esas británicas chaquetas de *tweed* con varios años de uso, pero que aún durarán muchos años más (sobre todo si se les pone unos parches de cuero en los codos). Paredes blancas, tejas, y ventanas verdes. Era el color de esas ventanas el que los alentaba a escaparse, de vez en cuando. Rodeaban el local pequeñas casas, muchas de las cuales habían pertenecido al hotel, y habían sido destinadas, en sus buenos tiempos, a las parejas que venían en luna de miel. En algunas vivían los profesores internos, y en otras, viejos. Ruidos: el río Rímac, y los trenes que pasaban. Pero se acostumbraban, y los ruidos desaparecían. Silencio. Una solitaria mujer, demasiado hermosa, demasiado grande, y demasiado

---

[1] Huampaní: a recreational centre in the river valley near Chaclacayo.
[2] el Rímac: the river that runs down from the Andes to Lima, passing Chosica and Chaclacayo on the way.

mujer para ellos. La llamaban «la Viuda», mientras esperaban que su hija, demasiado pequeña aún, creciera para ellos. Sobre todos estos seres, y sobre todas estas cosas, brillaba el sol de Los Ángeles. Por las noches, era un frío casi serrano el que se filtraba entre sus frazadas.

Míster Davenhock era el director y el profesor de inglés. En esos días, la suerte de los alumnos dependía enteramente del lechero: si llegaba a tiempo, Mr. Davenhock tenía algo que arrojarle a su esposa en el diario pleito matinal. Estaban salvados: se desahogaba. Pero cuando no venía a tiempo ... Un día su esposa partió de viaje, y Mr. Davenhock empezó a ser un hombre muy interesante. Manolo lo observaba: tendría unos cuarenta y cuatro años. Alto, británicamente distinguido, y narigón, las madres de algunos alumnos lo encontraban buen mozo. La única vez que entró en su casa, lo encontró escuchando unos discos de Marlene Dietrich.[3] «Tú no sabes lo que es eso», le dijo. «Ustedes los jóvenes ...» Pero Manolo no entendió muy bien lo que quería decir. Leía *Time*, la revista norteamericana, y uno que otro periódico inglés. Jamás lo olvidaría con su invariable saco de *tweed* color café, con su pantalón siempre plomo, y con sus llamativas corbatas escocesas. Venía muy bien peinado desde que se había marchado su esposa. Sus zapatos nunca brillaron, pero nunca estuvieron sucios. Después del almuerzo, sacaba una silla al jardín exterior de su casa. Se sentaba, fumaba una pipa, y leía *Time*, bajo el sol. En esas ocasiones, llevaba siempre un pañuelo de seda al cuello. Manolo lo observaba desde la ventana de su dormitorio, y le daba la impresión de un hombre que ya se ha instalado en la vida. Amaba el sol, y se ponía el pañuelo de seda al cuello cuando visitaba a la Viuda.

Los veía regresar a sus casas aquel sábado, por la mañana. Los veía correr hacia el paradero del ómnibus (los que no tenían enamorada), y hacia los colectivos (más rápidos, pero más caros, los que tenían enamorada). Se iban a Lima, y no podía negarse la tortura de mirarlos, pues esa tortura lo haría odiar aún más a aquel imbécil de profesor que lo había castigado. Quería odiarlo de tal manera, que le fuera posible quemar su casa, con su mujer, con sus hijos, y con todo adentro. Se había puesto el saco del uniforme. Se había limpiado los zapatos. Se había peinado. Estaba listo para salir, y se había sentado a verlos partir: sus amigos, sus compañeros que no estaban castigados.

---

[3] German singer and film star (1901–92) who left Germany in 1930 and performed for the allied troops during World War II.

Se habían marchado. Caminó hacia la casa del profesor que lo había castigado, pero al llegar se dio cuenta de que no estaba loco, y no estar loco le dio más cólera aún. No iba a quemar la casa. Además, también ese profesor se había marchado a Lima. Quedaban Mr. Davenhock, que estaba de turno, algunos **provincianos** que no tenían adónde ir, siete castigados, y él sin ella.

Era como creer que hemos ganado la lotería, correr a cobrarla, y descubrir que hemos leído mal nuestro número: lo habían castigado por festejar el sábado; por celebrar la partida. Se había parado sobre la silla y había gritado: «¡Viva el sábado! ¡Viva ella!». Y ese imbécil lo había castigado porque faltaban cinco minutos para que terminase la clase. «Voy a matarlo. Se ha ido a Lima.» No tenía nada que hacer. Aceptó la realidad, y casi se muere de pena. Se dio cuenta de que el tiempo se había detenido, y de que se quedaría así, detenido, hasta el lunes. Luego, avanzaría nuevamente, lentamente, hacia el próximo sábado. «No llegará nunca.» Era demasiado orgulloso para escaparse, pero no toleraba ver la puerta por donde se salía para ir a Lima. Decidió encerrarse en su dormitorio.

«Jamás creí que me castigarían.» Estaba echado sobre su cama, y desde allí escuchaba el timbre que llamaba a los demás castigados a filas: iban a almorzar. No iría. No podría soportarlos. Era un colegio inglés: ¿por qué entonces no le habían pegado con el palo de hockey o con la zapatilla? Pero pensar en todas esas cosas lo apartaba[4] más y más de ella. Ella estaba allá, en Lima. Él, aquí, castigado, y su pena, su desesperación, en medio, entre los dos, como un muro. No podía verla. «¿Comprenderá? ¿Me perdonará? ¿Se quedará encerrada como yo?» Movía la cabeza hacia uno y otro lado: «¡Bah! ¡Colegio inglés! Nada más criollo[5] que saber que uno tiene enamorada y castigarlo para que no la vea.»

El tiempo se había detenido en las ramas inmóviles de una palmera, y a través de la ventana, Manolo la contemplaba como si de ella viniera todo su sufrimiento. Más allá, estaban los cipreses verdes, y al fondo, los cerros[6] como inmensas murallas. A un lado de su cama, en el suelo, una fotografía de ella, que había dejado caer casi sin darse cuenta, como si se hubiera resignado, como si ya no le quedara más que su dolor. Había olvidado al profesor que lo había castigado.[7] Había olvidado el castigo. Pensaba en ella

[4] 'apartaban' in AE and P&J.
[5] criollo: relating to *criollismo limeño*, explained in the context of 'Dos indios'.
[6] Although only 30 km from Lima, this area is already in the Andean foothills.
[7] This last sentence is absent in P&J but present in both AE and Alf, and serves to emphasise the superficiality of Manolo's feelings.

con cierto fastidio, pues era de ella de quien venía todo ese sufrimiento. «¿Sufre, también? ¿Tanto como yo?» Le hubiera gustado saber que sufría tanto como él. Sólo así lograría mantener un triste equilibrio. Pero ni aquella inmóvil palmera, ni los cipreses verdes, ni los cerros como inmensas murallas, lograban darle una respuesta. Los contemplaba, cuando una voz lo sorprendió: Mr. Davenhock. Volteó a mirarlo, pero no se incorporó al verlo.

—¿Puedes explicar tu conducta?

Miraba a Mr. Davenhock como si quisiera averiguar de qué se trataba todo eso. Se sentía lejano a toda disciplina, y le parecía imposible que alguien pudiera venir a darle una orden. No temía nada. Ya estaba castigado, y sólo quería que lo dejaran en paz con su castigo.

—¿Puedes explicarme tu conducta? —repitió, asombrado al ver que Manolo parecía no entenderle.

—No puedo hablar. No quiero hablar con nadie.

—¿Te has vuelto loco?

Manolo permaneció mudo. Había volteado nuevamente la cara hacia la ventana, y miraba a la palmera.

—¿Por qué no has ido a almorzar como todos los demás castigados? —preguntó, a punto de perder la paciencia—. ¿Quieres que te expulsen del colegio? ¿Quieres que llame a tus padres?

—Todos saben lo que quiero —respondió Manolo, sin voltear. Continuaba con la mirada fija en la palmera, como si tratara de evitar toda esa escena. Quería que lo dejaran en paz.

—¿Estás loco? —gritó Mr. Davenhock—. ¿Tú crees que porque tienes una ... una enamo ... una ridícula novia, tienes el derecho de hacer lo que te dé la gana? Crees que puedes prescindir de la disciplina.

No pudo continuar: Manolo había volteado la cara al escuchar lo de «ridícula novia». Le había clavado los ojos, y ahora Mr. Davenhock no sabía hacia dónde mirar. Había algo intolerable en el rostro de Manolo: una extraña palidez, una mueca de dolor, de dolor y de furia. Le era imposible mirarlo cara a cara. Avanzó hacia el otro lado de la habitación, y se detuvo frente a la ventana. Manolo lo seguía con la mirada. Estaba de espaldas, y le impedía ver la palmera.

—Manolo —le dijo, con voz temblorosa—. Es preciso que sepas, Manolo, que no debes ponerte en ese estado. Cuando un hombre quiere a una persona, debe estar preparado ... Preparado. Aprende a sufrir sin que los demás se den cuenta. ¿Por qué esa actitud de desprecio hacia los que no sufren? No se es feliz a tu edad. No se es feliz nunca —estaba mintiendo—, pero sobre todo no se es feliz a tu edad. La adolescencia es algo terrible, y yo creo que tú serás un adolescente durante largo tiempo aún.

Lo escuchaba en silencio, y ya no buscaba la palmera. Ahora, sus ojos se habían detenido tranquilamente en Mr. Davenhock, que continuaba de espaldas, y mirando hacia afuera. Lo escuchaba.

—Y esa chica, Manolo. La verás tantas veces aún. Tantos sábados. Tantos domingos.

—¡No pienso sufrir ni el próximo sábado, ni el próximo domingo, ni nunca más! Se trata de hoy, y de mañana, domingo. Nadie volverá a castigarme, Mr. Davenhock. Tendrá usted su disciplina, y yo la tendré a ella. ¡Pero hoy! ¡Hoy y mañana! ¡Déjeme en paz!

Mr. Davenhock había apoyado ambos brazos, uno a cada lado de la ventana. Sabía que ya no podría hablarle como profesor. Como profesor había aceptado que lo castigaran, pero como hombre, no toleraba verlo castigado.

—Escucha, Manolo: durante la guerra, yo era piloto de la Real Fuerza Aérea Inglesa.[8] Tenía una novia alemana, y estaba en su ciudad cuando me llamaron. Regresé a Inglaterra para enrolarme. Nos escribíamos cuando era posible. Pero un día nos ordenaron bombardear esa ciudad. La guerra terminó, y yo corrí a buscarla. Había muerto.

Un silencio total se apoderó de la habitación. Mr. Davenhock había introducido ambas manos en los bolsillos de su saco, y miraba hacia la palmera. Manolo lo observaba pensativo. Veía el pañuelo de seda que aparecía sobre el cuello de su camisa, y recordaba la única vez que había entrado a su casa: «Las canciones de Marlene Dietrich». «Tú no sabes lo que es eso», le había dicho. ¿Lo sabía? Nunca había visto una película de Marlene Dietrich, pero había oído hablar mucho de ella. «El ángel azul», se decía. «Una corista y un profesor.» Le gustaría ver esa película. «Canta. En alemán. En inglés.» Continuaba mirando a su profesor. «Las mejores piernas.» Mr. Davenhock continuaba inmóvil. «Cantaba para los soldados. En la guerra. Era muy hermosa.» No quería verle la cara. «Marlene Dietrich», se dijo, y apartó la mirada de la ventana.

Estaban en un aprieto. No querían mirarse, y Mr. Davenhock tenía que salir. Dio media vuelta, y al ver que Manolo tenía la vista fija en el techo, aprovechó para escaparse. Manolo escuchaba sus pasos mientras se perdían en el corredor que llevaba a las aulas.

Había permanecido el resto de la tarde echado en su cama, y con la

---

[8] The RAF.

mirada fija en el techo. Hacia las ocho de la noche, escuchó el timbre que llamaba a los alumnos a filas para comer. Se incorporó lentamente, y caminó hasta el baño. Allí se lavó la cara, se peinó, y **se puso la corbata**. Luego, regresó nuevamente a su dormitorio, se puso el saco, y se dirigió al comedor. Entró cuando sus compañeros ya estaban comiendo. Era una gran sala rectangular, y a ambos lados estaban las mesas de los alumnos. Sólo una estaba ocupada. Al fondo, dominando todo el comedor, estaba la mesa de los profesores. Sólo el asiento de Mr. Davenhock estaba ocupado. Escuchó la voz de algunos compañeros mientras avanzaba hacia aquella mesa: «Te está sacando la vuelta»,[9] dijo uno. Y Arroyo, que sólo tenía trece años: «Te debe estar poniendo los cuernos».[10] No les hacía caso. Continuaba avanzando.

—Mr. Davenhock ...

—¿Manolo?

—¿Podría sentarme a comer con usted?

—Ramírez —ordenó Mr. Davenhock al mayordomo—: Ponga otro asiento aquí, a mi derecha.

En el inmenso comedor, casi vacío, los castigados y los provincianos que no tenían adónde salir comían bulliciosamente. Al fondo, en la mesa de profesores, Mr. Davenhock y Manolo comían sin hablar.

[9] Te está sacando la vuelta: She's cheating on you.
[10] Te debe estar poniendo los cuernos: She'll be with someone else.

'Yo soy el rey'

Escuchaba la música que venía desde el salón. Bailaban y el piso de madera crujía bajo sus pies, mientras Manolo trataba de imitar los pasos de un bolero:[1] «Dos hacia la derecha; dos hacia la izquierda». Vestía un **viejo saco de corduroy marrón**, y sentía que bajo su pantalón de franela gris, las cosas no marchaban como era de esperarse. Se esforzaba por recordar, por «ver» las fotografías de unas artistas desnudas, en una revista pornográfica que le habían prestado. Tenía que verlas. Pero la Nylon se lo impedía: lo apretaba: sobaba su barriga contra la suya, y le imponía su ritmo de bolero arrabalero, burdelero, chuchumequero.

«Agua pal[2] cuatro», chilló la Nylon. El cuatro era un pequeño cuarto íntegramente pintado de celeste. En un rincón estaba la cama, vieja, usada, con una mesa de noche al lado, vieja, descharolada. Del techo muy alto de casa antigua, colgaba una bombilla eléctrica que iluminaba a medias la habitación. En la pared, sobre la cama, alguien había pegado la fotografía de una Miss Universo de tres años atrás. Había también una pequeña estampa, pero Manolo no sabía qué santo era.

«El agua», chilló una voz histérica, desde el corredor. La Nylon abrió la puerta, y un ser increíble le entregó una vasija blanca y desportillada. «Toma la toalla y el jabón», agregó, mientras Manolo lo miraba asombrado. Un ser increíble. La caricatura de un bailarín de flamenco. Grotesca, goyesca.[3] El más cadavérico de todos los bailarines de flamenco. Vestía íntegramente de negro, y tenía los dientes superiores inmensos y salidos. Jamás podría cerrar la boca. Jamás podría quitarse los pantalones, tan apretados los llevaba. No tenía caderas, y quería tener caderas. El cuello de la camisa abierto, dejaba entrever una piel excesivamente blanca, excesivamente seca; un pellejo que anunciaba los huesos. Hubiera querido tener senos.

---

[1] bolero: hugely popular musical form across Latin America in the 1930s to 1960s, typified by its expression of love and emotion.
[2] pal: abbreviated form of para el.
[3] goyesca: like a figure from a painting by Francisco de Goya (1746–1828), the Spanish artist renowned later in life for his hellish portraits.

Pálido como si se fuera a morir, y con los ojos tan inmensos, tan saltados, y con una expresión tal de angustia, que parecía que se iba a volver loco en cualquier momento. «Búscate un zambo»,[4] le dijo la Nylon, riéndose histéricamente a carcajadas. Cerró la puerta, pero a Manolo le parecía que aún estuviera allí. «Otro boleracho»,[5] dijo la Nylon, y Manolo se esforzó por recordar a las artistas desnudas de la revista pornográfica.

Bailaban. Lo había cogido por el cuello, y lo besaba sin cesar. Cada beso era como si le aplicara una ventosa. Luego, le metía la lengua entre la boca, y la sacudía rápidamente hacia ambos lados. Manolo sentía un extraño cosquilleo cerca de los oídos. La Nylon sacaba la lengua, pasaba saliva, y le aplicaba otra ventosa. Manolo le amasaba las nalgas (lo había visto hacer en el salón, al entrar al burdel). La pellizcaba, subía las manos para cogerle los senos, y las bajaba suavemente para amasarle las nalgas. Repetía este movimiento con regularidad. No «veía» a las artistas desnudas. No lo dejaba. Giraban, vientre contra vientre, fuertemente apretados. No lograba «ver» a las artistas. Giraban. Trataba de concentrarse. No la miraba. Las paredes celestes, casi desnudas, parecían girar lentamente alrededor suyo. «Las artistas», pensó. Miss Universo y la estampa era todo lo que lograba ver.

—¿Qué te pasa? —preguntó la Nylon—. ¿La tienes muy chiquita?[6] —soltó una carcajada histérica.

—Tengo suspensorio —respondió Manolo, creyendo que se había salvado.

—Se te va a quebrar, ja ja ja ja ... Te va a salir un callo, ja ja ja ja ja.

—Ja ja —pero se sentía perdido.

—Al catre.

—Al catre.

Se desvestían. Manolo no sabía a cuál de los dos mirar: al santo desconocido, o a Miss Universo. Cada uno, a su manera, podía ayudarlo. «El infierno», pensó, mientras se bajaba el pantalón y veía cómo temblaban sus piernas. Había colgado el saco de corduroy en una percha de madera. «Ya pues carajo», dijo la Nylon, «termina de calatearte. Es sábado, y no pienso pasarme la noche contigo. Hoy me como kilómetros de pinga ja ja ja ja ja ...»

Era muy tarde para escaparse. Volteó. «Cecilia» (era su enamorada) pensó, mientras golpeaban sus ojos las dos tetas de la Nylon que colgaban

---

[4] zambo: a term to denote someone of mixed black and indigenous parentage.

[5] boleracho: the suffix indicates the roughness of this bolero, or the way it is danced.

[6] ¿La tienes muy chiquita?: Have you only got a small one?

inmensas. Fue cosa de un instante. «Pezones. Chupones.» Se había afeitado el sexo, pero tenía pelos como cerdas en los sobacos. Perfume de chuchumeca. Perfume y sobaco, y la Nylon avanzaba lentamente hacia la cama, se dejaba caer, y se incorporaba nuevamente: «Nada de cojudeces, conmigo pinga muerta», dijo. «¿No tendrás chancro? Déjame ver.» Y Manolo sentía mientras la dejaba ver, y todo le temblaba porque las piernas le temblaban, y Miss Universo ya no podía ayudarlo, ni tampoco el santo. Quería robarse la estampa, pero las putas también rezan y tienen su corazoncito. «¿Qué pensarán los curas de las putas? Dios.» **Era un muñeco**, y ya no pensaba encontrar una excusa. Escuchaba la música que venía desde el salón.

No. No podría quejarse de la Nylon. Era, probablemente, una buena puta. Lo había bailado bonito, pero él no se la había punteado.[7] Y allí estaba bajo su cuerpo, como una máquina recién enchufada que empieza a funcionar. Y él no hacía nada por no aplastarla torpemente. Él no existía. «Auuu», gimió la mujer, y Manolo tuvo su pequeña satisfacción. «Si en vez de zamparme el codo ...», y Manolo empezaba a subir y a bajar. Miraba a Miss Universo, y recordaba los sucesos que acompañaron a ese concurso, y miraba al santo, y sentía un poco de miedo porque el santo lo estaba mirando, y la Nylon trabajaba bien, y él la sentía removerse[8] como una culebra y la cama crujía y él subía, y sentía que le sobaba el pene con ambas manos, y ahora con una, así, así, más rápido assíi, assssíiii, asssssíiiii, y casi assssssíiiiiii, pero nada en el mundo, ni Miss Universo, ni nada en el mundo esa noche, ese sábado por la noche, y la Nylon empezaba a hartarse, y era como una batidora recién desenchufada,[9] y se movía cada vez menos, y Manolo subía y bajaba cada vez más lentamente, hasta que ya no volvió a sentir que se elevaba, y la cama dejó de crujir ...

—Más muerta que mi abuelita que en paz descanse —dijo la Nylon, echándole el aliento en la cara.

—Vamos a lavarnos.

—Eso de lavar muertos, ja ja ja ja ja ... ¿Estás enfermo?

—No pasa nada —respondió Manolo, pero era como si estuviera viendo chupones, navajas, sobacos de esos, cordones umbilicales, sangre. Pensaba en su enamorada, y se crispaba. Resonaban en sus oídos «calatear, cojudeces, chancro, gonorrea, seborrea, diarrea», y otras palabras como

---

[7] no se la había punteado: he hadn't taken the lead.
[8] 'moverse' in P&J, presumably with a Spanish readership in mind.
[9] batidora recién desenchufada: a blender that's just been turned off.

apellidos vascos, que le habían clavado el puntillazo.[10] «No pasa nada», repitió, mientras sentía el agua tibia que le salpicaba entre las piernas.

Se vestían. Observaba cómo todo en el cuerpo de la Nylon regresaba a su lugar, conforme se iba vistiendo. Nuevamente parecía una mujer y hasta podría pasearse por la calle. «Por donde se pasearían las putas.» Se equivocó de pierna al ponerse el pantalón, y estuvo a punto de caerse. Trataba de apresurarse, pues veía que la Nylon iba a terminar antes que él. «Qué tal práctica», pensó. Se ponía la corbata, mientras ella sacaba un pequeño espejo de su cartera, y empezaba a pintarse los labios. Instintivamente, Manolo se pasó el brazo por la boca. Lo miró: se le había manchado de rojo. Lo volvió a pasar, dos y tres veces, mientras ella continuaba pintándose los labios, y la habitación empezaba a oler a rouge barato. Y ahora, con gran habilidad, la Nylon se arreglaba las cejas, mientras Manolo no lograba hacerse el nudo de la corbata. «¿Y si le pido el espejo?», se preguntó, pero hacía demasiado rato que estaban en silencio. La Nylon lo miró: «Ja ja ja ... Toma el espejo». «Gracias», pero no sabía dónde colgarlo, y seguía sin hacerse el nudo, hasta que ella cogió el espejo riéndose histéricamente, y pudo amarrarse muy mal la corbata. «La lana», le dijo, mientras Manolo se ponía el saco. Introdujo la mano en uno de los bolsillos, y extrajo un billete de cincuenta soles que traía preparado. Estaban listos. Le hubiera gustado conversar un poco, ahora que ya estaba vestida. Le hubiera gustado conversar un poco, pero la Nylon abrió la puerta que daba a uno de los corredores: «Vamos», dijo.

Avanzaban por el corredor que llevaba hasta el salón. Un negro pasó inmenso a su lado, y la Nylon trató de cogerlo por el brazo, pero el negro, sin mirarla, hizo un quite y siguió de largo.[11] Entraron en el salón, Manolo se detuvo, y la vio perderse entre las parejas que bailaban a media luz.

Era una habitación bastante grande, y cuadrada. Al frente, estaba la puerta que daba a la avenida Colonial.[12] Un hombre miraba por una pequeña ventanilla, cada vez que alguien tocaba, y según eso, abría o no la puerta. Al lado derecho del salón, estaba la radiola tragamonedas, y al lado izquierdo, el bar. Rudy, un inmenso rubio, dueño o encargado del burdel, servía el licor. Las llamaba. Las putas venían. Les decía algo al oído. Lo obedecían. Se acercaban a las mesas pegadas a las paredes, y se sentaban a beber con los hombres. Los hombres encendían un cigarrillo, brindaban, y las jalaban a bailar. A ambos lados del salón, estaban los corredores con

---

[10] le habían clavado el puntillazo: that had finished him off.

[11] hizo un quite y siguió de largo: dodged out of the way and carried straight on.

[12] Major road that joins Lima and Callao, passing through several rather seedy areas.

numerosas puertas: eran los cuartos. Todo esto teñido de un color rojizo, deprimente, decadente. Impregnado de un olor nuevo para Manolo. No apestaba. La gente soportaba ese olor. Parecían estar acostumbrados a ese olor. Olía a placeres rebajados. A mezclas viejas de placeres. A años de placeres. A excesos. Olía a vicio y a humedad. Era como si alguien hubiera vomitado, pero no olía a vómito. No daba con el olor.[13] En un desvencijado sofá de terciopelo azul, un hombre manoseaba a una prostituta, somnolienta. El hombre miraba a otra prostituta, y la mujer no miraba a ninguna parte.

El negro inmenso introdujo una moneda en la radiola, y dio media vuelta para dirigirse al bar. Caminaba entre las parejas que bailaban, sin topar con ninguna, y Manolo veía cómo su cabeza sobresalía entre todos. Se detuvo frente al mostrador, y Rudy le puso una cerveza delante, sin que se la pidiera. Luego le alcanzó un vaso. No se hablaban, pero parecía que entre ellos hubiera un silencioso acuerdo. «¿A qué hora saldrán?», se preguntaba Manolo, pensando en sus dos amigos. Habían venido con él; lo habían traído, y luego se habían marchado con dos mujeres. Los esperaba impaciente, y no sabía qué hacer. Veía a los hombres pasar a su lado, y caminar por los corredores. «Buscan una a su gusto», se dijo, y decidió mirar un poco. Iba de puerta en puerta. Algunas estaban cerradas, y adentro se escuchaban risas y gemidos. Otras, abiertas, pero la habitación vacía y a oscuras. Al fondo del corredor, un hombre miraba sonriente hacia una de las habitaciones. Manolo se acercó. Miró. Iba a dar media vuelta, pero alguien le estaba hablando:

—Es una institución —dijo el desconocido.

—Humm ...

—Fue la puta más famosa del burdel, en sus tiempos.

—¿Y ahora? —preguntó Manolo con desgano y con asco. Quería marcharse.

—Está vieja —respondió—. Tiene una cicatriz en la cara. Sólo le queda el culo. Deja la puerta entreabierta, y exhibe el culo. Siempre está de espaldas. Háblale.

—Acabo de salir —dijo Manolo. La conversación se le hacía intolerable. Tenía que marcharse.

—Fue un gran culo —dijo el desconocido, palpándolo como si no fuera de nadie.

Pero Manolo se alejaba y no volteó a contestarle. Pensaba que podía

---

[13] No daba con el olor: He couldn't identify the smell.

ser un degenerado,[14] y que era mejor regresar al bar. Frente al mostrador, el negro continuaba inmenso y bebiendo su cerveza. Permanecía mudo. La Nylon se le acercó, y trató nuevamente de llevarlo del brazo, pero el negro, imperturbable, repitió el quite y la Nylon se marchó en silencio. Hubiera querido invitarla a una cerveza, pero no se atrevió a llamarla: «¿Y si les cuenta a Leonidas y a Sixto?». Nada podía hacer. Tenía que dejarlo a la suerte. Lo mejor era pedir una cerveza, y esperar tranquilamente a sus amigos. «Una cerveza», dijo. No se atrevió a decir por favor. Rudy destapó la botella, y la puso delante suyo, sobre el mostrador. Le alcanzó un vaso. Manolo lo llenó. Escuchaba una voz conocida en la radiola: «Claro. Es Carlos Gardel.[15] Leonidas le llama Carlitos. Ya es hora de que salgan.» Y en la radiola:

Deliciosas criaturas perfumadas
Quiero el beso de sus boquitas pintadas ...

Era Gardel. Inconfundible. Volteó a mirar al negro: inmenso, imperturbable, iba ya por su segunda cerveza, y el vaso desaparecía en su mano cada vez que lo cogía. Llevaba puesta una camisa blanca, impecable, y se la había remangado. Ese brazo le hacía recordar al brazo de una escultura; una de esas inmensas esculturas de bronce que uno ve en los museos, y que nunca se explica cómo pudieron cargarla hasta allí. Cada vez que el negro llevaba el vaso a sus labios, Manolo veía cómo se movían sus músculos. No lograba verle el otro brazo. Nuevamente un tango en la radiola, y dio media vuelta para mirar a los que bailaban. Una sola pareja. Sabían bailar. Seguía con sus ojos los arabescos que dibujaban en el piso. Se enlazaban, parecía que se iban a tropezar, pero un quite del hombre, un movimiento de la mujer, y nuevamente dibujaban un arabesco. Perfecto. Se llevaban perfectamente, y en sus ojos se veía que ése era el último baile; esos ojos buscaban al animal detrás del baile. El negro no había volteado a mirarlos.

Llenó nuevamente su vaso, pero aún le quedaba media botella y hubiera preferido compartirla con sus amigos. Detrás suyo, las parejas bailaban nuevamente, y Manolo escuchaba las carcajadas histéricas de las prostitutas. «A qué hora saldrán.» Volteó. En la radiola, la voz de Bienvenido Granda:[16]

[14] Note the ambiguity of the verb form that makes it is unclear who is the degenerate.
[15] Carlos Gardel: the most famous tango singer in Latin America (1890–1935). Born Charles Romuald Gardés in Toulouse, but lived his adult life in Argentina.
[16] Bienvenido Granda: 'el bigote que canta'. Well-known Cuban singer (1915–83), especially famous for his renditions of guarachas and boleros.

Ooyeeméee mammáa
Tarán pam pam
Qué sabroso estáa
para ra ra ra ra ra ra ra ra
Este nuevo ritmo
Que se llama cha cha chaaa ...

Y cada vez que pronunciaba «mammáa», los hombres que bailaban ponían cara de arrechos. Volteó nuevamente para beber un trago, y vio que Rudy le servía la tercera botella al negro. Era como si hubiera telepatía entre ambos: no se hablaban, el negro nunca pedía nada, pero tenía siempre su cerveza a tiempo. Manolo observaba a Rudy: muy grande, tan grande como el negro inmenso, llevaba puesta una camisa verde de manga corta, y sus brazos, un poco gordos, y demasiado blancos, eran los brazos de un hombre muy fuerte pero no muy ágil.

—¡Negro ladrón! —gritó una mujer. Manolo volteó rápidamente. No había visto moverse al negro, y, sin embargo, lo encontró de espaldas al mostrador, y mirando fijamente a la mujer.

—¡Negro ladrón! —volvió a gritar la mujer.

—¡Cállate, China![17] —ordenó Rudy—. Estás borracha.

—¡Negro hijo de puta! Anda a robarle a tu madre.

— ... (El negro imperturbable.)

—¡Cállate! —gritó Rudy.

—¡Mi plata! —chilló la mujer—. Ha querido robarme mi plata.

— ...

—¡Hijo de puta!

—La plata se te ha caído del escote, y ha rodado hasta sus pies —dijo Rudy, con voz serena.

—¡Mentira! ¡Negro, concha tu madre!

—¡Cállate, borracha! ¡Llévesela! —ordenó Rudy—. ¡Vete!

Pero nadie intervenía. Nadie quería intervenir, y todos miraban al negro como si esperaran una reacción. El negro, inmenso, continuaba imperturbable, y Manolo observó que mantenía la mano izquierda en el bolsillo del pantalón. La puta seguía gritando, pero no se le acercaba, y el negro la miraba fijamente, sin que Manolo lograra captar la expresión de sus ojos.

—¡Mi cabrón te va a sacar la mierda, negro mano muerta!

— ...

---

[17] China: a common nickname for a woman with oriental features.

119

—¡Rosquete, contesta!

— ...

—¡Contesta, concha tu madre!

— ...

—¡Habla, mierda! ¡Ladrón!

— ...

—¡Mano muerta! —chilló, con voz llorosa.

— ...

—¡Haaaablaaaaaa! —fue un alarido que se convirtió en llanto.

El negro no le quitaba los ojos de encima, y la puta había escondido la cara entre sus manos. Lloraba a gritos. Nadie se había movido, hasta que Rudy se acercó, y la cogió por la espalda: «Vamos, China», dijo, conduciéndola hacia uno de los corredores. Desaparecieron, pero aún se escuchaban los sollozos. «¡Negro mano muerta!», gritó desde el fondo del corredor. Luego, un portazo. Y en la radiola:

Cuatro puertas hay abiertas
pal que no tiene dinero:
el hospital y la cárcel,
la iglesia y el cementerio

Era Daniel Santos,[18] y se bailaba nuevamente. Manolo observó al negro dar media vuelta y coger su vaso. El brazo izquierdo no era como el brazo de una escultura, y la mano izquierda la llevaba siempre en el bolsillo. Bebía imperturbable cuando Rudy regresó, y le ofreció otra cerveza, sin decir una sola palabra. Sus rostros permanecían inalterables, y todo era como si nada hubiera pasado.

Manolo llenó nuevamente su vaso. Pensaba que si Leonidas y Sixto no terminaban pronto, tendría que pedir otra cerveza. Estaba cansado de esperarlos, y no se explicaba por qué se demoraban tanto. «Son unos burdeleros», se dijo. Y en la radiola, Bienvenido Granda:

Esas palabras tan duuuulllcess
que brotan de un corazón sin fe ...

Cada vez eran menos los que bailaban. En las mesas, los hombres que no tenían una mujer, cabeceaban semiborrachos frente a las botellas de cerveza. Un hombre dormía en el sofá. En los corredores, casi todos los cuartos estaban ocupados. La música era música lenta.

---

[18] Daniel Santos: Puerto Rican singer and composer (1916–92), known especially for his guarachas and boleros.

—¿Quién la dejó abierta? —preguntó Rudy, mirando hacia la puerta de entrada.

Manolo volteó. La puerta estaba abierta de par en par, y un cholo[19] borracho se tambaleaba en la entrada del salón. Su corbata colgaba de una de sus manos, y al moverse la arrastraba por el suelo. Unas cerdas negras, brillantes, y grasientas, le chorreaban sobre la frente. La mirada extraviada. Rudy lo observaba.

—¡La Nylon! —gritó el cholo—. ¿Dónde está la puta esa?

—Te callas, cholo —dijo Rudy, midiendo sus palabras.

—¡Es mi mujer!

—Ya te he dicho que no vengas por aquí. ¿Quién lo dejó entrar?

—¡Es mi mujer! ¡Carajo! —gritó el cholo, alzando el brazo con el puño cerrado, y tambaleándose como si el peso de ese puño lo arrastrara consigo.

—Mejor te callas, cholo —dijo Rudy, imperturbable. Cogió unos vasos, y empezó a secarlos.

—¡Esa chuchumeca va a ver quién soy yo! —gritó el cholo. Cruzó el salón, y se detuvo al llegar a uno de los corredores. «En el cuatro está la Nylon»,[20] pensó Manolo, mientras lo observaba tambalearse.

—¡Soy tu patrón! —gritó, a punto de caerse. Rudy lo seguía con la mirada, pero continuaba secando tranquilamente los vasos.

—¡Sal pa' que veas a tu patrón!

En ese instante se abrió una puerta al fondo del corredor, y se escuchó la voz de la Nylon. Rudy dejó de secar.

—¡Cholo rosquete! —gritó—. ¡Ven pa' que conozcas a mi cabrón!

—Ya vas a ver quién es tu cabrón —gritó el cholo, mientras avanzaba apoyándose en las paredes del corredor. Rudy dejó caer el secador. Manolo miró al negro: bebía su cerveza imperturbable.

—¡Carajo! ¡Ya vas a ver que en este burdel yo soy el rey! —gritó el cholo. Se había detenido a unos tres metros de la Nylon.

—¡Calla, cholo rosquete!

—¡Soy el rey, carajo! —gritó abalanzándose sobre la Nylon.

Rodaron por el suelo, y Manolo no alcanzaba a ver lo que estaba pasando. Escuchó un gemido, pero luego Rudy se le interpuso. «¡Yo soy el rey!», gritaba el cholo. «¡Rosquete!», gritaba la Nylon, y Manolo escuchó una voz que no era la de Rudy: «Te vas a joder conmigo, cholo de

[19] cholo: a term used with insulting connotations in the 1960s (and later) to refer to someone of indigenous appearance.

[20] «En el cuatro está Nylon» in P&J.

mierda». Era el hombre que había estado en el cuarto con la Nylon. «¡Soy el rey!», gritaba el cholo, mientras Rudy lo arrastraba por el corredor. «¡Rosquete!», chillaba la Nylon. «¡Yo soy el rey! ¡Soy el rey, carajo!» Manolo alcanzó a verle la cara mientras Rudy lo arrastraba a través del salón, con dirección a la puerta. Era la cara de un loco, y sus cerdas brillantes y grasientas colgaban hasta el suelo. En ese momento, el negro dejó su vaso sobre el mostrador y volteó ligeramente para mirar al cholo. Fue una mirada de desprecio. Cosa de segundos. Luego cogió nuevamente su vaso, y bebió un sorbo. Rudy regresaba al mostrador. Había arrojado al rey a la calle, pero aún se escuchaban sus gritos: «¡Soy el rey! ¡Soy el rey!» Y se iban perdiendo: «¡Soy rey ..., carajo, rey!», mientras el negro bebía inmenso su cerveza. Y en la radiola:

Por siempre se me ve
Tomando en esta barra
Tratando de olvidarla
Por mucho que la amé ...

Manolo sintió que le palmeaban el hombro.

—¡Al fin!, hombre.

—¿Cuántas te has tomado? —preguntó Leonidas.

—Una. Pero ya era hora.

—Y ¿qué tal la Nylon?

—Bien. Bien.

—¿Se dio cuenta?

—No lo creo.

—**¿Le dijiste que habías estado en otros burdeles?**

—No le dije nada, pero no se dio cuenta.

—Ya viene Sixto. Lo vi despidiéndose.

—Voy a pagar —dijo Manolo, extrayendo el dinero de uno de sus bolsillos—. ¿Quieres terminar la botella?

—Bueno, gracias —dijo Leonidas. Y añadió en voz muy baja—: Qué tal brazo el del negro.

—Rudy también es una bestia —dijo Manolo, cuidando de que sólo lo oyera su amigo.

—Es uno de los pocos rosquetes a quien nadie puede darse el lujo de decírselo —añadió Leonidas—. Te parte en cuatro.

Pero Manolo no le creyó lo de rosquete. Nuevamente sintió que le palpaban el hombro.

—Mira el brazo del negro, Sixto.

—Ya lo conozco. Pero tiene la otra mano muerta.

—Vamos —dijo Manolo.

—Vamos.

Salieron. Lloviznaba.[21] Serían las tres de la madrugada, y la avenida Colonial estaba desierta. Sixto había parqueado el automóvil de su padre dos cuadras más allá del burdel, por temor a que alguien lo viera.

—Apúrense —dijo Leonidas—. Hace frío.

—¿Y, Manolo? —preguntó Sixto.

—Bien —respondió, echándose a correr con dirección al automóvil.

—Tenía miedo de que me hubieran robado los vasos —dijo Sixto, que había corrido detrás—. Me hubiera jodido con mi padre.[22]

—Vas a tener que pasarle una franela —añadió Manolo, mientras abría una de las puertas—. Se ha mojado con la lluvia.

—Sí, hombre. Y me caigo de sueño, pero si no mi padre se va a dar cuenta de que me lo he tirado. Saca los limpiabrisas de la guantera.[23]

—No es necesario —dijo Leonidas—. Ya casi no llueve. ¿Nunca se ha dado cuenta?

—Hace años que me lo robo todos los sábados —respondió Sixto, mientras encendía los faros.

—Mira ese borracho tirado en la tierra —dijo Leonidas—. Está todo buitreado.

—Es el rey —dijo Manolo.

—¿Qué?

—Nada. Vamos ...

[21] Lloviznaba: there is often a light drizzle in the night during June-July, but this is as much precipitation as Lima sees.

[22] Me hubiera jodido con mi padre: I would have been in real trouble with my dad.

[23] Saca los limpiabrisas de la guantera: windscreen wipers are rarely needed, but are often kept in the glove compartment to avoid them being stolen.

'El descubrimiento de América'

América era hija de un matrimonio de **inmigrantes italianos**. Una de las muchachas más hermosas de Lima. ¡Qué bien le queda su uniforme de colegiala! Su uniforme azul marino de colegiala. De colegiala que ya se cansó de serlo. De colegiala con mentalidad pre-automovilística, pre-lujosa, y pre-matrimonial. De colegiala que se aburre en las clases de literatura, que jamás comprendió las matemáticas, y que piensa sinceramente que Larra[1] se suicidó por cojudo, y no por romántico. Era su último año de colegio,[2] y no sabía cómo ingeniárselas para que su uniforme pareciera traje de secretaria. Usaba las faldas bastante más cortas que sus compañeras de clase, y se ponía las blusas de cuando estaba en tercero de media.[3] ¡América! ¡América! Si no hubieras estado en colegio de monjas, tus profesores te hubieran comprendido. Pero ¿para qué?, ¿para quién?, esas piernas tan hermosas debajo de la carpeta. Refregaba sus manos sobre sus muslos, y se llenaba de esperanzas. Las refregaba una y otra vez hasta que sonaba el timbre de salida. Tomaba el ómnibus en la avenida Arequipa,[4] y se bajaba al llegar a la Plaza San Martín. Cruzaba la Plaza San Martín y sentía un poco de vergüenza de caminar con el uniforme azul. Pero a los hombres no les importaba: «Así vestidita[5] de azul, la haría bailar», dijo un bongosero que salía de un *night club*. América sintió un escalofrío. Pero los músicos no eran su género,[6] ni tampoco ese flaco con cara de estudiante de letras, que la veía pasar diariamente, rumbo a la bodega de sus padres,

---

[1] Larra: Mariano José de Larra (1809–37), Spanish Romantic dramatist and satirical essayist. Forbidden love drove him to suicide.

[2] 'piensa sinceramente que Larra se suicidó por cojudo, y no sabía cómo ingeniárselas para que su uniforme pareciera traje de secretaria' in P&J. The additional phrases, included here, as in AE and Alf, mark up her pragmatic attitude toward relationships and her exact age (16) from the outset.

[3] tercero de media: the third year of secondary education, when aged fourteen.

[4] avenida Arequipa: main road joining central Lima and Miraflores, dating from the 1920s.

[5] vestidita: the use of diminutives in Peruvian Spanish also extends to adjectives.

[6] No eran su género: weren't her type.

124

en el jirón Huancavelica.[7] Pero ese flaco no estaba esperándola hoy día, y a América le fastidió un poco no verlo.

Hoy no la he visto pasar sin mirarme. Amor amor amor. Volverás. Vuelve amor vuelve. Con seguridad de amor. Vuelve amor. Porque no la he visto pasar sin mirarme y voy a pedir un café y no me estoy muriendo. Vuelve amor sentir amor amar sentir. Antes. Como antes. Luchar por amar y no culos. Verla pasar amar. No culos. Sentir amor. Me ve. No me mira. Me ve. Vuelve amor. Café café. Nervios. Nervioso. Ya debe haber pasado. No se había parado a esperarla, y de acuerdo con su reloj ya debería haber pasado. Las cosas mejoraban: había sufrido un poco al no verla. Estaba optimista. Quería amarla como amaba antes; como había amado antes. «Es posible», se decía. «Es posible», y recordaba que una vez se había desmayado al ver una muchacha demasiado todo lo bueno para ser verdad. «Es posible.» Desde su mesa, en un café de las Galerías Boza, Manolo veía a Marta que se acercaba sonriente. «Marta la fea. Inteligente. Debería quererla. No.» Marta conocía a Manolo; conocía también a América, y había aceptado presentársela. Pero antes quería hablarle; aconsejarlo. Hablar al viento.

—Siéntate, Marta.

—Ya debe haber pasado.

—Hace cinco minutos. ¿Un café?

—Bueno, gracias. ¿Y, Manolo?

—¿Mañana?

—Estás loco, Manolo —dijo Marta, con voz maternal—. No sabes en lo que te metes.

—La quiero, Marta. La quiero mucho.

—No la conoces.

—Pero estoy seguro de lo que digo. No te rías, pero yo tengo una especie de poder, una cierta intuición. No sé cómo explicarte, pero cuando veo una cara que me gusta así, adivino todo lo que hay dentro. Ya sé cómo es América. Me la imagino. La presiento.

—Y te arrojas a una piscina sin agua. Ya lo has hecho.

—Tú y tus fórmulas.

—Ya lo has hecho.

—Era otra cosa.

—Terco como una mula —dijo Marta—. Te la voy a presentar. Después de todo, ¿por qué no? Allá tú.

—¡Gracias, Marta! ¡Gracias!

---

[7] jirón Huancavelica: one of central Lima's main streets.

—Pero es preciso que te diga que América es todo lo contrario de una chica inteligente.

—Uno no quiere a una persona porque es inteligente —dijo Manolo, desviando la mirada al darse cuenta de que había metido la pata.

—¿Y con el cuerpazo de América? ¿Tú crees que eso es amor?

—¡Nada de eso! —exclamó Manolo, fastidiado al comprobar que su mano no temblaba mientras cogía la taza de café—. Nada de eso. Sus ojos. Su cara maravillosa.

—Y esa blusita de su hermana menor ...

—¡Nada de eso! Como antes.

—¿Como qué antes?

—No podría explicártelo —dijo Manolo—, pero tú comprendes.

—Me imagino que yo debo comprender todo.

Estas últimas palabras, pronunciadas con cierta tristeza y resignación, lo dejaron pensativo. Recordaba las veces que Marta lo había invitado a tomar té a su casa. ¿Cuántas veces le había mandado entradas para el teatro, o para el cine? ¿Y él? ¿Qué había hecho él por Marta? Era la primera vez que la invitaba y la invitaba para que le presentara a otra chica. «Hay dos tipos de mujeres», pensó: «las que uno ama, y las Martas. Las que lo comprenden todo». La miró: bebía su café en silencio. Una sola palabra suya, y la hubiera hecho feliz; la hubiera pasado al grupo de las que uno ama. **Pero Manolo había nacido mudo para esas palabras.** «Si un día termino con América», pensó. «América. América. Las piernas de América. No. No. Los ojos de América.»

—Toda la vida andas sin plata —dijo Marta. Y añadió—: A América le gustan los muchachos que gastan plata.

—No importa —dijo Manolo—. Vive en Chaclacayo, y allá no hay en qué gastar la plata. Sólo hay que gastar en cine o en helados, y tan pelado no estoy.

—¿Y qué vas a hacer con lo del automóvil? —le preguntó, mirándolo fijamente para observar su reacción—. ¿Te vas a comprar uno? Sin automóvil ni te mirará.

—Gracias por llamarla puta —dijo Manolo, indignado.

—No la he llamado eso. Ni siquiera lo he pensado, pero América es una chica alocada, y ya te dije que no es inteligente.

—Confío en mi suerte, y en mi imaginación.

—¿En tu imaginación?

—Ya verás —dijo Manolo, sonriente—. Si supieras todo lo que se me está ocurriendo.

—Veremos. Veremos.

—Mañana me la presentas. Será cosa de un minuto. Después, todo corre por mi cuenta.[8]

—Mañana no puedo, Manolo —dijo Marta—. Tengo cita con el oculista. Parece que además de todo me van a poner anteojos.

—¿Entonces, cuándo? —preguntó Manolo, fingiendo no haber escuchado las últimas palabras de Marta.

—Pasado mañana. Espérame en la puerta del cine San Martín.[9]

—Tú te encuentras con ella, y luego yo paso como quien no quiere la cosa. Me llamas, y ya está.

—No te preocupes —dijo Marta—. Será como tú quieras. Será fácil retenerla para que puedas conversar un rato con ella.

—Sí. Sí. Tengo que ganar tiempo. Pronto empezarán los exámenes finales, y ya no vendrá a clases.

—Te pasarás el verano en Chaclacayo.

—¡El verano es mío! —exclamó Manolo, sonriente—. Eres un genio, Marta.

—Bueno, Manolo. Este genio se va.

—No te vayas —dijo Manolo, satisfecho al darse cuenta de que la partida de Marta lo apenaba—. Vamos al cine.

—No hay una sola película en Lima que yo no haya visto —dijo Marta, con voz firme.

Manolo se puso de pie para despedirse de ella. Había comprendido el mensaje que traían sus últimas palabras, y sabía que era inútil insistir. Como de costumbre, Marta había «olvidado» su paquete de cigarrillos para que Manolo lo pudiera coger. No sabía qué decirle. Le extendió la mano.

—Adiós, Manolo. Hasta pasado mañana.

—Adiós, Marta.

—¿Vendrás mañana a verla pasar? —preguntó Marta.

—Es el último día que pasa sin conocerla —respondió Manolo—. ¿Tú crees que me voy a negar ese placer?

—Loco.

—Sí, loco —repitió Manolo, en voz baja, mientras Marta se alejaba. No era su partida lo que lo entristecía, sino el darse cuenta de que ya no tendría con quién hablar de América. Llamó al mozo del café y le pagó. Luego,

---

[8] todo corre por mi cuenta: it's all down to me.
[9] cine San Martín: cinema in central Lima, opened in 1925 on the Plaza San Martín.

caminó hasta la calle Boza, y se detuvo a contemplar la vereda por donde diariamente pasaba América hacia la bodega de sus padres. «Sus caderas. No. No. Sus ojos. Mañana.»

América salía del colegio a las cinco de la tarde, y **él salía de la Universidad** a las cinco de la tarde. Pero ella tenía que tomar el ómnibus, y en cambio él estaba cerca de la Plaza de San Martín. Caminaba lentamente y estudiando las reacciones de su cuerpo: «Nada.» Se acercaba a la Plaza San Martín, y no sentía ningún temblor en las piernas. El pecho no se le oprimía, y respiraba con gran facilidad. No estaba muñequeado. Encendió un cigarrillo, y nunca antes estuvo su mano tan firme al llevar el fósforo hacia la boca. Llegó a la Plaza San Martín, y se detuvo para contemplar, allá, al frente, el lugar en que la esperaba todos los días. Vio llegar uno de los ómnibus de la avenida Arequipa, y no sintió como si se fuera a desmayar. «Todavía es muy temprano», se dijo, arrojando el cigarrillo, y cruzando la plaza hasta llegar a la esquina de la calle Boza. Se detuvo. Desde allí la vería bajar del ómnibus, y caminar hacia él: como siempre. Se examinaba. Le molestaba que América supiera que la miraba. Hacía tanto tiempo que la miraba, que ya tenía que haberse dado cuenta. «¿Y si se hace la sobrada? ¿Si Marta no viene mañana? ¿Si me deja plantado? ¿Si cambia de idea? ¿Si decide no presentármela?» Estas preguntas lo mortificaban. «Te quiero, América.» Sintió que la quería, y sintió también un ligero temblor en las piernas. Sin embargo, no sintió que perdía los papeles al ver que América bajaba del ómnibus, y eso le molestó: perder los papeles era amor para Manolo. América avanzaba. Distinguía su blusa blanca entre el chalequillo abierto de uniforme. Sus zapatos marrones de colegiala. Su melena castaña rojiza de domadora de fieras. Avanzaba. Veía ahora el bulto de sus senos bajo la blusa blanca. Los botones dorados del uniforme. Se acercaba, y Manolo no le quitaba los ojos de encima ... Linda. Linda. Linda. Te quiero tanto. Te siento. Cerca. Más cerca. Yo te quiero tanto. Cigarrillo. ¿En qué momento encendido? Sus ojos. Buenas piernas. Pero sus ojos. La blusa. Marta. ¡Mierda! Mañana mañana ven ven. La falda con las caderas. Piernas. La quiero. Como antes. Y América estaba a su lado. Pasaba a su lado, y su blusa se abultaba cada vez más al pasar de perfil, y ya no estaba allí, y él no volteó para no verle el culo, y porque la quería.

—¡Manolo! —llamó una voz de mujer, desde atrás. Manolo sintió que se derrumbaba. Le costó trabajo voltear.

—¡Marta! —exclamó, asombrado. Marta estaba con América.

—¿Qué ha sido de tu vida, Manolo? ¿Qué haces allí parado?

—Espero a un amigo.

—Ven, acércate —dijo Marta, sonriente—. Quiero presentarte a una amiga.

—Mucho gusto —dijo Manolo, acercándose y extendiendo la mano para saludar a América.

Era una mano áspera y caliente, y Manolo no sabía en qué parte del cuerpo había sentido un cosquilleo. América, ahí, delante suyo, lo miraba sin ruborizarse, y era amplia y hermosa. El uniforme no le quedaba tan estrecho, pero era como si le quedara muy estrecho. Esa piel morena, ahí, delante suyo, era como la tierra húmeda, y él hubiera querido tocarla. Marta sonreía confiada, pero a Manolo le parecía que era una mujer insignificante y la odiaba. América también sonreía, y Manolo hubiera querido coger esa cabellera larga; esas crines de muchacha malcriada y sucia que no se peinaba para fastidiar a los hombres. Y su blusa se inflaba cuando sonreía, y a Manolo le parecía que sus senos se le acercaban, y era como si los fuera a emparar.

—Vamos a tomar una Coca-Cola —dijo Marta.

—No puedo —dijo América—. Mis padres me esperan en la tienda (ella no la llamaba bodega).

—Yo tampoco —dijo Manolo—. Tengo que esperar a mi amigo (mentía porque quería huir).

—¿Cuándo empiezan tus exámenes, América? —preguntó Marta tratando de retenerla.

—Dentro de veinte días —respondió—. No sé cómo voy a hacer. No sé nada de nada.

—En quinto de media no se jalan a nadie —dijo Manolo.

—¿Tú crees? Ojalá.

—No te preocupes, América —dijo Manolo—. Ya verás como no se jalan a nadie.

—Y después, ¿qué piensas hacer?

—Nada. Descansar.

—¿Te quedas en Chaclacayo?

—Sí. ¿Qué voy a hacer? Es muy aburrido en verano,[10] pero ¿qué voy a hacer?

—Todo el mundo se va a la playa —dijo Manolo.

—Yo sólo puedo ir los sábados y domingos.

---

[10] Es muy aburrido en verano: Chaclacayo was a retreat from the grey winter skies. In the summer months, limeños go to the many beaches north and south of the capital.

—¿Y la piscina de Huampaní? —preguntó Manolo.

—Es el último recurso, aunque a veces vienen amigos con carro y me llevan a la playa.

—Yo tengo una casa muy bonita en Chaclacayo —dijo Manolo, ante la mirada de asombro de Marta, que sabía que estaba mintiendo—. Tiene una piscina muy grande —continuó—. Hace años que no vamos y está desocupada. Si quieres, te puedo invitar un día a bañarnos.

—Nunca te he visto en Chaclacayo —dijo América.

—Ya me verás.

América se despidió sonriente, y continuó su camino hacia la bodega de sus padres. Manolo la miraba alejarse, y pensaba que esa falda no hubiera aguantado otro año de colegio sin reventar. Estaba contento. Muy contento. Con América todo sería perfecto, porque había perdido los papeles en el momento en que Marta se la presentó y cuando él perdía los papeles, eso era amor. La amaba, y América sería como el amor de antes. Todo volvería.

—Perdóname —dijo Marta—. Piensa que ya saliste de eso. Yo también ya salí de eso.

—No estaba preparado —dijo Manolo—. ¿Por qué lo has hecho?

—Quería verte sufrir un poco —respondió Marta—. Ya que tenía que hacerlo, por lo menos sacar algún provecho de ello. Y te juro que nunca olvidaré la cara de espanto que pusiste. Era para morirse de risa.

—Te felicito —dijo Manolo, pero se arrepintió—: Gracias, Marta. Ahora ya todo es cosa mía.

—Avísame qué tal te va —dijo Marta, y se despidió.

Manolo la veía alejarse. «Si me va bien, no volverás a saber de mí», pensó, y se dirigió a las Galerías Boza para tomar un café. Al sentarse, escribió en una servilleta que había sobre la mesa: «El día 20 de noviembre, a las 5.30 de la tarde, Manolo conoció a América, y América conoció a Manolo. Te amo». No mencionó a Marta para nada.

Los fines que perseguía Manolo al tratar de conquistar a América eran dos: el primero, muy justo y muy bello: «Amar como antes»; el segundo, menos vago, menos bello, pero también muy humano: fregar a Marta. Sobre todo, desde aquel día en que lo encontró por la calle, y le preguntó si América ya lo había mandado a rodar por no tener automóvil. Los medios que utilizaba para lograr tales fines eran también dos: su imaginación de estudiante de letras y la falta de imaginación (léase inteligencia) de América. Cada vez que América decía una tontería, Manolo se inflaba de

130

piedad, confundía este sentimiento con el amor que tenía que sentir por ella, y odiaba a Marta.

Había dejado de verla durante los veinte días que estuvo en exámenes, durante la Navidad, y el Año Nuevo. La extrañaba. Habían quedado en verse a comienzos de enero, en Chaclacayo.

Amaba Chaclacayo. Amaba todo lo que estuviera entre Ñaña y Chosica. Recordaba su niñez, y los años que había vivido en Chosica. No olvidaría aquellos domingos en que salía a pasear con su padre por el Parque Central. Caminaban entre la gente, y su padre lo trataba como a un amigo. Le costaba trabajo reconocerlo sin su corbata, sin su terno, sin su ropa de oficina, sin su puntualidad, y sin sus órdenes. No era más que un niño, pero se daba muy bien cuenta de que su padre era otro hombre. Un lunes, le hubiera dicho: «Anda a comer. Estudia. Haz tus temas.» Pero era domingo, y le preguntaba: «¿Quieres regresar ya? Nos paseamos un rato más.» Y él tenía que adivinar lo que su padre quería, y adivinar lo que su padre quería era muy fácil, porque siempre estaba de buen humor los domingos; porque era otro hombre, como un amigo que lo lleva de la mano; y porque estaba vestido de sport. Llevaría a América a Chosica, le contaría todas esas cosas, y ella sería un amor como antes, como quince años. Ya vería Marta cómo América era la que él creía y **él tampoco había cambiado a pesar de haber aprendido tantas cosas**. Sólo le molestaba saber que tendría que usar algunas tácticas imaginativas para lograr todo eso. Pero el sol de Chaclacayo, y el sol de Chosica lo ayudarían. Sí. El sol lo ayudaría como ayuda a los toreros. Este mismo sol que mantenía vivos sus recuerdos, y que brilla todo el año (menos el día en que uno lleva a un extranjero para mostrarle que a media hora de Lima el sol brilla todo el año).

Entre el día **tres de enero**, en que Manolo visitó por primera vez a América, en su casa de Chaclacayo, y el día primero de febrero en que, sorprendido, escuchó que ella le decía: «Mi bolero favorito (Manolo sintió una pena inmensa) es que te quiero, sabrás que te quiero», entre esas dos fechas, muchas cosas habían sucedido.

Bajó de un colectivo cerca de la casa de América, y se introdujo sin ser visto en el baño de un pequeño restaurante. Rápidamente se vendó una de las manos, y se colgó el brazo en un pañuelo de seda blanco, como si estuviera fracturado. Luego, se vendó un pie, y extrajo de un pequeño maletín un zapato, al cual[11] le había cortado la punta para que asomaran

---

[11] 'el cual' in P&J.

por ella dos dedos. Traía también un viejo bastón que había pertenecido a su abuelo. Salió del baño, bebió una cerveza en el mostrador, y cojeó entrenándose hasta la casa de América. Hacía mucho calor, y sentía que la corbata que le había robado a su padre le molestaba. El cuello excesivamente almidonado de su flamante camisa le irritaba la piel. Sus labios estaban muy secos mientras tocaba el timbre, y le temblaba ligeramente la boca del estómago. «Como antes», pensó y sintió que perdía los papeles, pero era que América aparecía por una puerta lateral, y que él pensaba que algo en su atuendo podía delatarlo.

—¡Manolo! ¿Qué te ha pasado?

—Me saqué la mugre.

—¿Cómo así?

—En una carrera de autos con unos amigos.

—¡Te has podido matar!

«¿Y tú, cómo sabes?», pensó Manolo, un poco sorprendido al ver que las cosas marchaban tan bien. Hubiera querido detener todo eso, pero ya era muy tarde.

—Pudo haber sido peor —continuó—. Era un carro sport, y no sé cómo no me destapé el cráneo.

—¿Y el carro?

—Ése sí que murió —respondió Manolo, pensando: «Nunca nació».

—Y ahora, ¿qué vas a hacer?

—Nada —dijo con tono indiferente—. Tengo que esperar que mis padres vuelvan de Europa.[12] Ellos verán si lo arreglan o me compran otro. «No me creas, América», pensó, y dijo: —No quiero arruinarles el viaje contándoles que he tenido un accidente. De cualquier modo —«allá va el disparo», pensó—, no podré manejar por un tiempo.

—Pero, ¿tu carro, Manolo?

—Pues nada —dijo, pensando que todo iba muy bien—. El problema está en conseguir taxis que quieran venir hasta Chaclacayo.

—Usa los colectivos, Manolo. («Te quiero, América.») No seas tonto.

—Ya veremos. Ya veremos —dijo Manolo, pensando que todo había salido a pedir de boca[13]—. ¿Y tus exámenes?

—Un ensarte —dijo América, con desgano—. **Me jalaron en tres**, pero no pienso ocuparme más de eso.

[12] Holidays in Europe are restricted to the elite, to which Manolo pretends he belongs in order to make América take him seriously.

[13] todo había salido a pedir de boca: everything had gone perfectly.

—Claro. Claro. ¿Para qué te sirve eso? «¿Para ser igual a Marta?», pensó.

—¿Vamos a bañarnos a Huampaní?

—¡Bestial! —exclamó Manolo. Sentía que se llenaba de algo que podía ser amor.

—¿Y tus lesiones?

—¡Ah!, verdad. ¡Qué bruto soy ...! Es que cuando no me duelen me olvido de ellas. De todas maneras, te acompaño.

—No. No importa, Manolo —dijo América, en quien parecía despertarse algo como el instinto maternal—. ¿Vamos al cine? Dan una buena película. Creo que es una idiotez, pero vale la pena verla. Cuando mejores, iremos a nadar.

—Claro —dijo Manolo. La amaba.

Durante diez días, Manolo cojeó al lado de América por todo Chaclacayo. Diariamente venía a visitarla, y diariamente se disfrazaba para ir a su casa. Sin embargo, tuvo que introducir algunas variaciones en su programa. Variaciones de orden práctico: tuvo, por ejemplo, que buscar otro vestuario, pues los propietarios del restaurante en que se cambiaba se dieron cuenta de que entraba sano y corriendo, y salía maltrecho y cojeando. Se cambiaba, ahora, detrás de una casa deshabitada. Y variaciones de orden sentimental: debido a la credulidad de América. Le partía el alma engañarla de esa manera. Era increíble que no se hubiera dado cuenta: cojeaba cuando se acordaba, se quejaba de dolores cuando se acordaba, y un día hasta se puso a correr para alcanzar a un heladero.[14] No podía tolerar esa situación. A veces, mientras se ponía las vendas, sentía que era un monstruo. No podía aceptar que ella sufriera al verlo tan maltrecho, y que todo eso fuera fingido. ¿Y cuando se acordaba de sus dolores? ¿Y cuando la hacía caminar lentamente a su lado, cogiéndolo del brazo sano? Era un monstruo. «Adoro su ingenuidad», se dijo un día, pero luego «¿y si lo hace por el automóvil?» «¿Y si cree que me van a comprar otro?» Pero no podía ser verdad. Había que ver cómo prefería quedarse con él, antes que ir a bañarse a la piscina de Huampaní. «Es mi amor», se dijo, y desde entonces decidió que tenía que sufrir de verdad, aunque fuera un poco, y se introducía piedrecillas en los zapatos para ser más digno de la credulidad de América, y de paso para no olvidarse de cojear.

Durante los días en que vino cubierto de vendas, Manolo y América

---

[14] correr para alcanzar a un heladero: ice creams are most commonly sold from tricycles that carry a cold box along the streets.

vieron todas las películas que se estrenaron en Chaclacayo. Dos veces se aventuraron hasta Chosica, a pedido de Manolo. Fueron en colectivo (él se quejó de que no hubiera taxis en esa zona). Y se pasearon por el Parque Central, y recordaba su niñez. Recordaba cuando su padre se paseaba con él los domingos vestidos de sport, y qué miedo de que le cayera un pelotazo de fútbol en la cabeza. Porque no quería ver a su padre trompearse, porque su padre era muy flaco y muy bien educado, y porque él temía que algunos de esos mastodontes con zapatos que parecían de madera y estaban llenos de clavos y cocos, le fuera a pegar a su padre. Y entonces le pedía para ir a pasear a otro sitio, y su padre le ofrecía un helado, y le decía que no le contara a su mamá, y le hablaba sin mirarlo. Hubiera querido contarle todas esas cosas a América, y un día, la primera vez que fueron, trató de hacerlo, pero ella no le prestó mucha atención. Y cuando América no le prestaba mucha atención, sentía ganas de quitarse las piedrecillas que llevaba en los zapatos, y que tanto le molestaban al caminar. Recordaba entonces que un tío suyo, muy bueno y muy católico, se ponía piedrecillas en los zapatos por amor a Dios, y pensaba que estaba prostituyendo el catolicismo de su tío, y que si hay infierno, él se iba a ir al infierno, y qué bestial sería condenarse por amor a América, pero América, a su lado, no se enteraría jamás de esas cosas que Marta escucharía con tanta atención.

—América —dijo Manolo. Era la segunda vez que iban a Chosica, y tenía los pies llenos de piedrecillas.

—¿Qué?

—¿Cómo habrá venido a caer este poema en mi bolsillo?

—A ver ...

Bajando el valle de Tarma,[15]
Tu ausencia bajó conmigo.
Y cada vez más los inmensos cerros ...

Se detuvo. No quiso seguir leyendo: tres versos, y ya América estaba mirando la hora en su reloj. Guardó el poema en el bolsillo izquierdo de su saco, junto a los otros doce que había escrito desde que la había conocido. Poemas bastante malos. Generalmente empezaban bien, pero luego era como si se le agotara algo, y necesitaba leer otros poemas para terminarlos. Casi plagiaba, pero era que América ... La invitó a tomar una Coca-Cola antes de regresar a Chaclacayo. Él pidió una cerveza, y durante dos horas le habló de su automóvil: «Era un bólido. Era rojo. Tenía tapiz de cuero negro, etc.» Pero no importaba, porque cuando su padre llegara

[15] Tarma: city on the eastern slope of the central Andes.

134

de Europa seguro que le iba a comprar otro, y «¿qué marca de carro te gustaría que me comprara, América? ¿Y de qué color te gustaría? ¿Y te gustaría que fuera sport o simplemente convertible?» Y, en fin, todas esas cosas que iba sacando del fondo de su tercera cerveza, y como América parecía estar muy entretenida, y hasta feliz: «¡Imbécil! Marta», pensó.

El día catorce de enero, Manolo llegó ágil y elegantemente a casa de América. No había olvidado ningún detalle: hacía dos o tres meses que, por casualidad, había encontrado por la calle a Miguel, un jardinero que había trabajado años atrás en su barrio. Miguel le contó que ahora estaba muy bien, pues una familia de millonarios lo había contratado para que cuidara una inmensa casa que tenían deshabitada en Chaclacayo. Miguel se encargaba también de cuidar los jardines, y le contó que había una gran piscina; que a veces, el hijo millonario del millonario venía a bañarse con sus amigos; y que la piscina estaba siempre llena. «Ya sabes, niño», le dijo, «si algún día vas por allá ...». Y le dio la dirección. Cuando tocó la puerta de casa de América, Manolo tenía la dirección en el bolsillo.

—¡Manolo! —exclamó América al verlo—. ¡Como nuevo!

—Ayer me quitaron las vendas definitivamente. Los médicos dicen que ya estoy perfectamente bien. (Había tenido cuidado de no hablar de heridas, porque le parecía imposible pintarse cicatrices.)

Y durante más de una semana se bañaron diariamente en Huampaní. Por las noches, después de despedirse de América, Manolo iba a visitar a Miguel, quien lo paseaba por toda la inmensa casa deshabitada. Se la aprendió de memoria. Luego, salían a beber unas cervezas, y Manolo le contaba que se había templado de una hembrita[16] que no vivía muy lejos. Una noche en que se emborracharon, se atrevió a contarle sus planes, y le dijo que tendría que tratarlo como si fuera el hijo del dueño. «Pendejo», replicó Miguel, sonriente, pero Manolo le explicó que en Huampaní había mucha gente, y que no podía estar a solas con ella. «Pendejo, niño», repitió Miguel, y Manolo le dijo que era un malpensado, y que no se trataba de eso. «La quiero mucho, Miguel», añadió, pensando: «Mucho, como antes, porque la iba a volver a engañar».

Llegaban a Huampaní.

—Mañana iremos a bañarnos a casa de mis padres —dijo Manolo—. He traído las llaves.

---

[16] hembrita: literally a little female. Manolo here has adopted the discourse of machista society he previously rejected via his disgust at the use of the term 'lomo'.

—Hubiéramos podido ir hoy —replicó América, mientras se dirigía al vestuario de mujeres.

Manolo la esperaba sentado al borde de la piscina, y con los pies en el agua. «Traje de baño blanco», se dijo al verla aparecer. Venía con su atrayente malla blanca, y caminaba como si estuviera delante del jurado en un concurso de belleza. Avanzaba con su melena ... Debería cortársela aunque sea un poco porque parece, y sus piernas morenas más tostadas por el sol con esos muslos. Esos muslos estarían bien en fotografías de periódicos sensacionalistas. Sufriría si viera en el cuarto de un pajero la fotografía de América en papel periódico. América se apoyó en su hombro para agacharse y sentarse a su lado. Vio cómo sus muslos se aplastaban sobre el borde de la piscina, y cómo el agua le llegaba a las pantorrillas. Vio cómo sus piernas tenían vellos, pero no muchos, y esos vellos rubios sobre la piel tan morena, lo hacían sentir algo allá abajo, tan lejos de sus buenos sentimientos ... Qué pena, parece de esas con unos hombres que dan asco en unos carros amarillos que quieren ser último modelo los domingos de julio en el Parque Central de Chosica. Justamente cuando no me gusta ir al Parque de Chosica. Esos hombres vienen de Lima y se ponen camisas amarillas en unos carros amarillos para venir a cachar a Chosica.

—No me cierra el gorro de baño.

—No te lo pongas.

—Se me va a empapar el pelo.

—El sol te lo seca en un instante.

Había algo entre el sol y sus cabellos, y él no podía explicarse bien qué cosa era ... Pero los tigres en los circos son amarillos como el sol y esa cabellera de domadora de fieras. América le pidió que le ayudara a ponerse el gorro, y mientras la ayudaba y forcejeaba, pensaba que sus brazos podían resbalar, y que iba a cogerle los senos que estaban ahí, junto a su hombro, tan pálido junto al de América ... Y por cojudo y andar fingiendo accidentes de hijo de millonario no he podido ir a mi playa en los viejos Baños de Barranco,[17] con el funicular y esas cosas de otros tiempos, cerca a una casa en que hay poetas. Esos Baños tan viejos con sus terrazas de madera tan tristes. Pero América no quedaría bien en esa playa de antigüedades porque aquí está con su malla blanca y las cosas sexys son de ahora o tal vez, eso no, acabo de descubrirlas. No porque la quiero. América. No voy a mirarle más los vellos, quiero tocarlos, son medio rubios. Me gustan sobre

---

[17] Baños de Barranco: showers in wooden cubicles for bathers at Barranco, an upper-middle-class enclave separate from Lima in the 1960s, but now absorbed into the city.

sus piernas, sus pantorrillas, sus muslos morenos.

«Al agua», gritó América, resbalándose por el borde de la piscina. Manolo la siguió. Nadaba detrás de ella como un pez detrás de otro en una pecera, y a veces, sus manos la tocaban al bracear, y entonces perdía el ritmo, y se detenía para volver a empezar. América se cogió al borde, al llegar a uno de los extremos de la piscina. Manolo, a su lado, respiraba fuertemente, y veía cómo sus senos se formaban y se deformaban, pero era el agua que se estaba moviendo.

—Ya no tengo frío —dijo América.

—Yo tampoco —dijo Manolo, pero continuaba temblando, y le era difícil respirar.

—Estás muy blanco, Manolo.

—Es uno de mis primeros baños en este verano.

—Yo tampoco me he bañado muchas veces. **Siempre soy morena. ¿Te gustan las mujeres morenas?**

—Sí —respondió Manolo, volteando la cara para no mirarla—. ¿Vamos a bucear?

Buceaban. Le ardían los ojos, pero insistía en mantenerlos abiertos bajo el agua, porque así podía mirarla muy bien y sin que ella se diera cuenta. Salían a la superficie, tomaban aire, y volvían a sumergirse. Ella se cogió de sus pies para que la jalara y la hiciera avanzar pero Manolo giró en ese momento y se encontró con la cara de América frente a la suya. La tomó por la cintura. Ella se cogió de sus brazos, y Manolo sentía el roce de sus piernas mientras volvían a la superficie en busca de aire. «Voy a descansar», dijo América, y se alejó nadando hasta llegar a la escalerilla. Manolo la siguió. Desde el agua, la veía subir y observaba qué hermosas eran sus piernas por atrás y cómo la malla mojada se le pegaba al cuerpo, y era como si estuviera desnuda allí, encima suyo. No salió. Desde el borde de la piscina, ella lo veía pensativo, cogido de la escalerilla ... No me explico cómo ese tipo que me esperaba todos los días en la Plaza San Martín, y felizmente que ya acabó el colegio, ni tampoco me importan los exámenes en que me han jalado, ni me dio vergüenza cuando me preguntó qué tal me fue en los exámenes. Allá abajo tan flaco no me explico pero parece inteligente y sabe decir las cosas, pero tendré que darle ánimos y todo lo que dice cuando habla del accidente me gusta, ese carro fue muy bonito rojo no me importa por qué allá abajo tan flaco tan pálido me hace sentir segura. Pero mis amigas qué van a pensar tengo buen cuerpo y con mi cara esperan algo mejor porque los hombres me dicen tantos piropos, tantas cochinadas, más piropos que a otras y cuando fui a Lima con Mariana tan rubia tan bonita me dijeron más piropos te gané Mariana, pero el enamorado de Mariana es muy buen mozo pero Manolo se viste mejor, **si paso un mal rato en una fiesta el carro mis amigas se acostumbrarán a que mi enamorado no es tan buen mozo.** Me gusta mucho, me gusta más que **otros enamorados no le he dicho he tenido,** y algo pasa en mi cuerpo algo como ahora está allá abajo y siento raro en mi cuerpo, fue gracioso cuando me tocó la cintura mejor todavía que cuando Raúl me apretaba tanto.

—¿Quieres sentarte en esa banca? —preguntó Manolo, que subía la escalerilla.

—Sí —respondió América—. Ya no quiero bañarme más.

—Ven. Vamos antes que alguien la coja.

—Me molesta tanta gente. A partir de mañana tenemos que ir a tu casa.

—Sí. Allá todo será mejor.

—¿Qué tal es la piscina?

—Es muy grande, y el agua está más limpia que ésta.

—¿Nadie se baña nunca?

—Me imagino que el jardinero se debe pegar su baño, de vez en cuando.

—¿Y para qué la tienen llena?

—A veces, se me ocurría venir con mis amigos —dijo Manolo.

—Qué tales jaranas las que debes haber armado ahí —dijo América, tratando de insinuar muchas cosas.

—No creas —respondió Manolo, con tono indiferente. Estaba jugando su rol.

—¡A mí con cuentos! —exclamó América, sonriente.

—América —dijo Manolo, con voz suplicante—. América ...

—¿Qué cosa? Dime, ¿qué cosa?

—Nada. Nada ... Estaba pensando ... «Te quiero mucho. A pesar de ...»

—¿Qué cosa?, Manolo.

—Nada. Nada. Creo que ya está bien de piscina por hoy. Regresemos a tu casa.

—Vamos a cambiarnos.

Estaba listo. Cuando América salió del vestuario con sus pantalones pescador a rayas blancas y rojas, Manolo recordó que ella le había contado que aún no había ido a Lima a hacer sus compras por ese verano. Los pantalones le estaban muy apretados, y ahora, al caminar por las calles de Chaclacayo, todo el mundo voltearía[18] a mirarle el **rabo**: «¿Y por qué no?», se preguntaba Manolo. «Lista», dijo América y caminaron juntos hasta su casa.

Nadie los molestaba. Sus padres estaban en la tienda (**Manolo había aprendido a llamarla así**), y la abuela, allá arriba, demasiado vieja para bajar las escaleras. Entraron a la sala. Él sacó unos discos. Ella puso los boleros. La miró. Ella le dijo para bailar. Él se disculpó diciendo que debido al accidente ... Ella insistió. Cedió. Bailaban. Ella empezó a respirar fuertemente. Él empezó a mirarle los vellos rubios sobre sus antebrazos morenos, y a recordar ... Ella cerró los ojos. Él le pegó la cara. Ella le apretó la mano. Terminó ese disco. Ella le dijo que su bolero favorito era *Sabrás que te quiero*. Le dijo que se lo iba a regalar, y se sentó. Ella lo notó triste, y se sentó a su lado. Tuvo un gesto de desesperación. Ella le preguntó si hacía mucho calor, y abrió la ventana. Le cogió la mano. Ella le puso la boca para que la besara. La iba a besar. Ella lo besó muy bien.

«Es inmensa. El agua está cristalina», dijo América, parada frente a la piscina, en casa de Manolo. «No está mal», agregó Manolo, cogiéndola de la mano, y diciéndole que la quería mucho, y que le iba a explicar muchas cosas. Estaba dispuesto a contarle todo lo que Marta le había dicho sobre ella. Estaba dispuesto a decirle que entre ellos todo iba a ser perfecto, y que él creía aún en tantas cosas que según la gente pasan con la edad. Estaba decidido a explicarle que con ella todo iba a ser como antes, aunque le parecía difícil encontrar las palabras para explicar cómo era ese «antes». «Vamos a ponernos la ropa de baño», dijo América. Manolo le señaló la puerta por donde tenía que entrar para cambiarse. Él se cambió en el dormitorio de Miguel. «El tiempo pasa, niño», le dijo Miguel. «Está como cuete.»[19]

Habían extendido sus toallas sobre el césped que rodeaba la piscina, América se había echado sobre la toalla de Manolo, y Manolo sobre la de América. Permanecían en silencio, cogidos de la mano, mientras el sol les quemaba la cara, y Manolo se imaginaba que los ojos negros e inmensos de América lagrimeaban también como los suyos. Volteó a mirarla: gotas de sudor resbalaban por su cuello, y sintió ganas de beberlas. Morena, América resistía el sol sobre la cara, sobre los ojos, y continuaba mirando hacia arriba como si nada la molestara. Había recogido ligeramente las

[18] 'volvería' in P&J, avoiding the specifically Latin American usage of 'voltearse'. Another example of textual amendment for a Spanish readership.

[19] cuete: literally a steak; a translation here might be 'She's a fine piece of meat'.

piernas, y Manolo las miraba pensando que eran más voluminosas que las suyas. Le hubiera gustado besarle los pies. Le acariciaba el antebrazo, y sentía sus vellos en las yemas de los dedos. La malla blanca subía y bajaba sobre sus senos y sobre su vientre, obedeciendo el ritmo de su respiración. Hubiera querido poner su mano allí encima, que subiera y bajara, pero era mejor no aventurarse. En ese momento, América se puso de lado apoyándose en uno de sus brazos. Estaba a centímetros de su cuerpo, y le apretaba fuertemente la mano. Con la punta del pie, le hacía cosquillas en la pierna, y Manolo sentía su respiración caliente sobre la cara, y veía cómo sus senos, aprisionados entre los hombros, rebalsaban morenos por el borde de la malla blanca como si trataran de escaparse. Le hablaría después. Era mejor bañarse; lanzarse al agua. Pero se estaba tan bien allí ... Se incorporó rápidamente, y corrió hasta caer en el agua. América se había sentado para mirarlo. «¡Ven!», gritó Manolo. «Está riquísima.»

Tampoco ella tenía la culpa. Habían escuchado a Miguel cuando dijo que iba a salir un rato. Habían nadado, y eso había empezado por ser un baño de piscina. No podrían decir en qué momento habían comenzado, ni se habían dado cuenta de que era ya muy tarde cuando el agua empezó a molestarlos. Porque iban a continuar, y todo lo que no fuera eso había desaparecido, y los había dejado tirados ahí, al borde de la piscina, sobre el césped. Y Manolo la besaba y jugaba con sus cabellos, igual a esos tigrillos en los circos y en los zoológicos, que juegan, gruñen, y sacan las uñas como si estuvieran peleando. Y América se reía, y se dejaba hacer, y colocaba una de sus rodillas entre sus piernas, y él sentía el roce de sus muslos y paseaba sus manos inquietas por todo su cuerpo, hasta que ya había tocado todo, y sintió que esa malla blanca que tanto le gustaba lo estaba estorbando. Era como si estuvieran de acuerdo: **no hablaban**, y él no le había dicho que se la iba a bajar, pero ella lo había ayudado. Y entonces él había apoyado su cara entre esos senos como abandonándose a ellos, pero América lo buscaba con la rodilla, y él se había encogido y había besado ese vientre tan inquieto, donde la piel era tan suave y siempre morena. Luego, se había dejado caer sobre ese cuerpo caliente, y se había cogido de él como un náufrago a una boya, y no se había podido incorporar porque América y sus muslos lo habían aprisionado. Y luego él debió enceguecer porque ya no veía el césped bajo sus ojos, ni tampoco le veía la cara, ni veía las plantas alrededor, pero sentía que todo eso se estaba moviendo con violencia y dulzura, y ya no la escuchaba quejarse y entonces era como una suprema armonía, y el ritmo de la tierra y del mundo bajo sus cuerpos, alrededor de

140 _{losing virginity (America)}

sus cuerpos, continuó un rato más allá del fin.

Lloraba sentada mirándose el sexo,[20] y cubriéndose los senos pudorosamente con los brazos. Pensaba en las monjas de su colegio, en sus padres, en la bodega y en sus hermanos. Pensaba en sus amigas, y se miraba el sexo, y sentía que aquel ardor volvía. Hubiera querido amar mucho a Manolo, que parecía un muerto, a su lado, y que sólo deseaba que las lágrimas de América fueran gotas de agua de la piscina. Trataba de no pensar porque estaba muy cansado ... Cuántos días. Soportar sin ver a Marta. Contarle. Todo. Hasta la sangre. Contar que estoy tan triste. Tan triste. ¿Qué después? ¿Qué ahora? Marta va a hablar cosas bien dichas. Si fuera hombre le pego. Mejor se riera de mí para terminar todo. Ahí. Aquí. Anda, lávate. ¡Cállate, mierda! No gimas. Te he querido tanto y ahora estoy tan triste y tú podrás decir que fue haciendo gimnasia y ya no volveré porque te hubiera querido. Antes antes antes. Mandar una carta. Explicarte todo. Desaparecer. Matarme en una carrera con mi auto nuevo. Simplemente desaparecer. Marta te cuenta todo. Cobarde. Decirte la verdad. Sobre todo irme. Si supieras lo triste perdonarías pero nunca sabrás y esto también pasará. Sí. No. Ándate. Ándate un rato. Vete. Cuando me ponga la corbata todo será distinto. Te llevaré a tu casa. No te veré más. Tal vez te des cuenta en la puerta de tu casa, y mañana irás a comprar ropa de verano y no veré tu ropa nueva más apretada. Culpa. Cansancio. Se está vistiendo en ese cuarto de la casa. Soy amigo del jardinero ni mis padres están en Europa. Tal vez te escribiré América. Con mi corbata. Mi padre no está en Europa. Mentiras. Culpa. Mi padre. Su corbata allá en el cuarto de Miguel. Te llevaré a tu casa América. Tu casa de tus boleros donde también he matado he muerto. Mi corbata tan lejos. Morirme. Ser. *To be*. Dormir años. Marta. La corbata allá allá allá allá.

América se estaba cambiando.

innocencias

---

[20] 'mirándome el sexo' in P&J. It seems more likely that she is looking at herself (as with the following 'cubriéndose') rather than Manolo, whom she goes on to mention three sentences later.

'La madre, el hijo y el pintor'

Se había acostumbrado al sistema: de lunes a jueves, cuatro días con su madre. De viernes a domingo, tres días con su padre. Manolo tenía la ropa que usaba cuando estaba con su padre, y los libros que leía en el departamento de su madre. Una pequeña valija para el viaje semanal de Miraflores a Magdalena,[1] de un departamento a otro. Su madre lo quería mucho los jueves, porque al día siguiente lo vería partir, y su padre era muy generoso los domingos, porque al día siguiente le tocaba regresar donde «ella». Se había acostumbrado al sistema. Lo encontraba lógico. «No soy tan viejo», le había dicho su padre, una noche, mientras cenaban juntos en un restaurante una mujer le había sonreído coquetamente. «Tienes diecisiete años, y eres un muchacho inteligente», le había dicho su madre una mañana. «Es preciso que te presente a mis amigos.»

Jueves. Sentado en una silla blanca, en el baño del departamento, Manolo contemplaba a su madre que empezaba a arreglarse para ir al *cocktail*.

—Es muy simpático, y es un gran pintor —dijo su madre.

—Nunca he visto un cuadro suyo.

—Tiene muchos en su departamento. Hoy podrás verlos. Me pidió que te llevara. Además, no me gusta separarme de ti los jueves.

—¿Va a ir mucha gente?

—Todos conocidos míos. Buenos amigos y simpáticos. Ya verás.

Manolo la veía en el espejo. Había dormido una larga siesta, y tenía la cara muy reposada. Así era cuando tomaban el desayuno juntos: siempre con su bata floreada, y sus zapatillas azules. Le hubiera gustado decirle que no necesitaba maquillarse, pero sabía cuánto le mortificaban esas pequeñas arrugas que tenía en la frente y en el cuello.

—¿Terminaste el libro que te presté? —preguntó su madre, mientras cogía un frasco de crema para el cutis.

—No —respondió Manolo—. Trataré de terminarlo esta noche después del *cocktail*.

---

[1] Magdalena: middle-class residential district on the Lima coastline next to Miraflores.

—No te apures —dijo su madre—. Llévatelo mañana, si quieres. Prefiero que lo leas con calma, aunque no creo que allá puedas leer.

—No sé ... Tal vez.

Se había cubierto el rostro con una crema blanca, y se lo masajeaba con los dedos, dale que te dale con los dedos.[2]

—Pareces un payaso, mamá —dijo Manolo sonriente.

—Todas las mujeres hacen lo mismo. Ya verás cuando te cases.

La veía quitarse la crema blanca. El cutis le brillaba. De rato en rato, los ojos de su madre lo sorprendían en el espejo: bajaba la mirada.

—Y ahora, una base para polvos —dijo su madre.

—¿Una base para qué?

—Para polvos.

—¿Todos los días haces lo mismo?

—Ya lo creo, Manolo. Todas las mujeres hacen lo mismo. No me gusta estar desarreglada.

—No, ya lo creo. Pero cuando bajas a tomar el desayuno tampoco se te ve desarreglada.

—¿Qué saben los hombres de esas cosas?

—Me imagino que nada, pero en el desayuno ...

—No digas tonterías, hijo —interrumpió ella—. **Toda mujer tiene que arreglarse para salir, para ser vista.** En el desayuno no estamos sino nosotros dos. Madre e hijo.

—Humm ...

—A toda mujer le gusta gustar.

—Es curioso, mamá. Papá dice lo mismo.

—Él no me quería.

—Sí. Sí. Ya lo sé.

—¿Tú me quieres? —preguntó, agregando—: Voltéate que voy a ponerme la faja.

Escuchaba el sonido que producía el roce de la faja con las piernas de su madre. «Tu madre tiene buenas patas»,[3] le había dicho un amigo en el colegio.

—Ya puedes mirar, Manolo.

—Tienes bonitas piernas, mamá.

—Eres un amor, Manolo. Eres un amor. Tu padre no sabía apreciar eso. ¿Por qué no le dices mañana que mis piernas te parecen bonitas?

---

[2] dale que te dale con los dedos: 'rubbing and rubbing with her fingers'.

[3] patas: slang for legs; another term usually used to refer to animals.

Se estaba poniendo un fustán negro, y a Manolo le hacía recordar a esos fustanes que usan las artistas, en las películas para mayores de dieciocho años. No le quitaba los ojos de encima. Era verdad: su madre tenía buenas piernas, y era más bonita que otras mujeres de cuarenta años.

—Y las piernas mejoran mucho con los tacos altos —dijo, mientras se ponía unos zapatos de tacones muy altos.

—Humm ...

—Tu padre no sabía apreciar eso. Tu padre no sabía apreciar nada.

—Mamá ...

—Ya sé. Ya sé. Mañana me abandonas, y no quieres que esté triste.

—Vuelvo el lunes. Como siempre ...

—Alcánzame el traje negro que está colgado detrás de la puerta de mi cuarto.

Manolo obedeció. Era un hermoso traje de terciopelo negro. No era la primera vez que su madre se lo ponía, y, sin embargo, nunca se había dado cuenta de que era tan escotado. Al entrar al baño, lo colgó en una percha, y se sentó nuevamente.

—¿Cómo se llama el pintor, mamá?

—Domingo. Domingo como el día que pasas con tu padre —dijo ella, mientras estiraba el brazo para coger el traje—. ¿En qué piensas, Manolo?

—En nada.

—Este chachá me está a la trinca.[4] Tendrás que ayudarme con el cierre relámpago.

—Es muy elegante.

—Nadie diría que tengo un hijo de tu edad.

—Humm ...

—Ven. Este cierre es endemoniado. Súbelo primero, y luego engánchalo en la pretina.

Manolo hizo correr el cierre por la espalda de su madre. «Listo», dijo, y retrocedió un poco mientras ella se acomodaba el traje, tirándolo con ambas manos hacia abajo. Una hermosa silueta se dibujó ante sus ojos, y esos brazos blancos y duros eran los de una mujer joven. Ella parecía saberlo: era un traje sin mangas. Manolo se sentó nuevamente. La veía ahora peinarse.

—Estamos atrasados, Manolo —dijo ella, al cabo de un momento.

[4] Este chachá me está a la trinca: 'This dress is really tight.' Note the similarity with América's clothes.

144

—Hace horas que estoy listo —replicó, cubriéndose la cara con las manos.

—Será cosa de unos minutos. Sólo me faltan los ojos y los labios.

—¿Qué? —preguntó Manolo. Se había distraído un poco.

—Digo que será cosa de minutos. Sólo me faltan los ojos y los labios.

Nuevamente la miraba, mientras se pintaba los labios. Era un lápiz color rojo rojo, y lo usaba con gran habilidad. Sobre la repisa, estaba la tapa. Manolo leyó la marca: «Senso», y desvió la mirada hacia la bata que su madre usaba para tomar el desayuno. Estaba colgada en una percha.

—¿Quieres que la guarde en tu cuarto, mamá?

—Que guardes ¿qué cosa?

—La bata.

—Bueno. Llévate también las zapatillas.

Manolo las cogió, y se dirigió al dormitorio de su madre. Colocó la bata cuidadosamente sobre la cama, y luego las zapatillas, una al lado de la otra, junto a la mesa de noche. Miraba alrededor suyo, como si fuera la primera vez que entrara allí. Era una habitación pequeña, pero bastante cómoda, y en la que no parecía faltar nada. En la pared, había un retrato suyo, tomado el día en que terminó el colegio. Al lado del retrato, un pequeño cuadro. Manolo se acercó a mirar la firma del pintor: imposible leer el apellido, pero pudo distinguir claramente la D de Domingo. El dormitorio olía a jazmín, y junto a un pequeño florero, sobre la mesa de noche, había una fotografía que no creía haber visto antes. La cogió: su madre al centro, con el mismo traje que acababa de ponerse, y rodeada de un grupo de hombres y mujeres. «Deben ser los del *cocktail*», pensó. Hubiera querido quedarse un rato más, pero ella lo estaba llamando desde el baño.

—¡Manolo! ¿Dónde estás?

—Voy —respondió, dejando la fotografía en su sitio.

—Préndeme un cigarrillo —y se dirigió hacia el baño. Su madre volteó al sentirlo entrar. Estaba lista. Estaba muy bella. Hubiera querido abrazarla y besarla. Su madre era la mujer más bella del mundo. ¡La mujer más bella del mundo!

—¡Cuidado!, Manolo —exclamó—. Casi me arruinas el maquillaje —y añadió—: Perdón, hijito.[5] Deja el cigarrillo sobre la repisa.

Se sentó nuevamente a mirarla. Hacía una serie de muecas graciosísimas frente al espejo. Luego, se acomodaba el traje tirándolo hacia abajo,

[5] hijito: note the use of the diminutive to refer to Manolo, as with his father in 'Con Jimmy, en Paracas'.

y se llevaba ambas manos a la cintura, apretándosela como si tratara de reducirla. Finalmente, cogió el cigarrillo que Manolo había dejado sobre la repisa, dio una pitada, y se volvió hacia él.

—¿Qué le dices a tu madre? —preguntó, exhalando el humo.

—Muy bien —respondió Manolo.

—Ahora no me dirás que me prefieres con la bata del desayuno. ¿A cuál de las dos prefieres?

—Te prefiero, simplemente, mamá.

—Dime que estoy linda.

—Sí ...

—Tu padre no sabe apreciar eso. ¡Vamos! ¡Al *cocktail*! ¡Apúrate!

Su madre conducía el automóvil, mientras Manolo, a su derecha, miraba el camino a través de la ventana. Permanecía mudo, y estaba un poco nervioso. Ella le había dicho que era una reunión de intelectuales, y eso le daba un poco de miedo.

—Estamos atrasados —dijo su madre, deteniendo el auto frente a un edificio de tres pisos—. Aquí es.

—Muy bonito —dijo Manolo mirando al edificio, y tratando de adivinar cuál de las ventanas correspondía al departamento del pintor.

—No es necesario que hables mucho —dijo ella—. Ante todo escucha. Escucha bien. Esta gente puede enseñarte muchas cosas. No tengas miedo que todos son mis amigos, y son muy simpáticos.

—¿En qué piso es?

—En el tercero.

Subían. Manolo subía detrás de su madre. Tenían[6] casi una hora de atraso, y le parecía que estaba un poco nerviosa. «Hace falta un ascensor», dijo ella, al llegar al segundo piso. La seguía. «¿Va a haber mucha gente, mamá?» No le respondió. Al llegar al tercer piso, dio tres golpes en la puerta, y se arregló el traje por última vez. No se escuchaban voces. Se abrió la puerta y Manolo vio al pintor. Era un hombre de unos cuarenta años. «Parece torero», pensó. «Demasiado alto para ser un buen torero.» El pintor saludó a su madre, pero lo estaba mirando al mismo tiempo. Sonrió. Parecía estar un poco confundido.

—Adelante —dijo.

—Este es Manolo, Domingo.

—¿Cómo estás, Manolo?

—¿Qué pasa? —preguntó ella.

[6] 'Tenía' in P&J, apparently referring only to Manolo's mother.

—¿No recibieron mi encargo? Llamé por teléfono.

—¿Qué encargo?

—Llamé por teléfono, pero tú no estabas.

—No me han dicho nada.

—Siéntense. Siéntense.

Manolo lo observaba mientras hablaba con su madre, y lo notaba un poco confundido. Miró a su alrededor: «Ni gente, ni bocadillos. Tenemos una hora de atraso.» Era evidente que en ese departamento no había ningún *cocktail*. Sólo una pequeña mesa en un rincón. Dos asientos. Dos sillas, una frente a la otra. Una botella de vino. Algo había fallado.

—Siéntate, Manolo —dijo el pintor, al ver que continuaba de pie—. Llamé para avisarles que la reunión se había postergado. Uno de mis amigos está enfermo y no puede venir.

—No me han avisado nada —dijo ella, mirando hacia la mesa.

—No tiene importancia —dijo el pintor, mientras se sentaba—. Comeremos los tres juntos.

—Domingo ...

—Donde hay para dos hay para tres —dijo sonriente, pero algo lo hizo cambiar de expresión y ponerse muy serio.

Manolo se había sentado en un sillón, frente al sofá en que estaban su madre y el pintor. En la pared, encima de ellos, había un inmenso cuadro, y Manolo reconoció la firma: «La D del dormitorio», pensó. Miró alrededor suyo, pero no había más cuadros como ése. No podía hablar.

—Es una lástima —dijo el pintor ofreciéndole un cigarrillo a la madre de Manolo.

—Gracias, Domingo. Yo quería que conociera a tus amigos.

—Tiene que venir otro día.

—Por lo menos hoy podrá ver tus cuadros.

—¡Excelente idea! —exclamó—. Podemos comer, y luego puede ver mis cuadros. Están en ese cuarto.

—¡Claro! ¡Claro!

—¿Quieres ver mis cuadros, Manolo?

—Sí. Me gustaría ...

—¡Perfecto! Comemos, y luego ves mis cuadros.

—¡Claro! —dijo ella sonriente—. Fuma, Manolo. Toma un cigarrillo.

—Ya lo creo —dijo el pintor, inclinándose para encenderle el cigarrillo—. Comeremos dentro de un rato. No hay problema. Donde hay para dos ...

—¡Claro! ¡Claro! —lo interrumpió ella.

'El hombre, el cinema y el tranvía'

El jirón Carabaya atraviesa el centro de Lima, desde Desamparados[1] hasta el Paseo de la República.[2] Tráfico intenso en las horas de afluencia, tranvías, las aceras pobladas de gente, edificios de tres, cuatro y cinco pisos, oficinas, tiendas, bares, etc. No voy a describirlo minuciosamente, porque los lectores suelen saltarse[3] las descripciones muy extensas e inútiles.

Un hombre salió de un edificio en el jirón Pachitea, y caminó hasta llegar a la esquina. Dobló hacia la derecha, con dirección al Paseo de la República. Eran las seis de la tarde, y podía ser un empleado que salía de su trabajo. En el cine República, la función de matiné acababa de terminar, y la gente que abandonaba la sala se dirigía lentamente hacia cualquier parte. Un hombre de unos treinta años, y un muchacho de unos diecisiete o dieciocho, parados en la puerta del cine, comentaban la película que acababan de ver. El hombre que podía ser un empleado se había detenido al llegar a la puerta del cine, y miraba los afiches, como si de ellos dependiera su decisión de ver o no esa película. Se escuchaba ya el ruido de un tranvía que avanzaba con dirección al Paseo de la República. Estaría a unas dos cuadras de distancia. Los afiches colocados al lado izquierdo del hall de entrada no parecieron impresionar mucho al hombre que podía ser un empleado. Cruzó hacia los del lado derecho.[4] El tranvía se acercaba, y los afiches vibraban ligeramente. No lograron convencerlo, o tal vez pensaba venir otro día, con un amigo, con su esposa, o con sus hijos. El ruido del tranvía era cada vez mayor, y los dos amigos que comentaban la película tuvieron que alzar el tono de voz. El hombre que podía ser un empleado

---

[1] Desamparados: Lima's railway station, situated between the Plaza de Armas and the river Rímac, built in 1908.

[2] Paseo de la República: major road joining central Lima and Miraflores.

[3] 'saltearse' in P&J.

[4] All 3 previous editions have 'Cruzó hacia los del lado izquierdo', but this makes no sense as he has just looked at the posters on the left and crosses over to the other side of the cinema entrance. This appears to be an error on the part of the author.

continuó su camino, mientras el tranvía, como un temblor,[5] pasaba delante del cine sacudiendo las puertas. Una hermosa mujer que venía en sentido contrario atrajo su atención. La miró al pasar. Volteó para mirarle el culo, pero alguien se le interpuso. Se empinó. Alargó el pescuezo. Dio un paso atrás, y perdió el equilibrio al pisar sobre el sardinel.

Voló tres metros, y allí lo cogió nuevamente el tranvía. Lo arrastraba. Se le veía aparecer y desaparecer. Aparecía y desaparecía entre las ruedas de hierro, y los frenos chirriaban. Un alarido de espanto. El hombre continuaba apareciendo y desapareciendo. Cada vez era menos un hombre. Un pedazo de saco. Ahora una pierna. El zapato. Uno de los rieles se cubría de sangre. El tranvía logró detenerse, y el conductor saltó a la vereda. Los pasajeros descendían apresuradamente, y la gente que empezaba a aglomerarse retrocedía según iba creciendo el charco de sangre. Ventanas y balcones se abrían en los edificios.

—No pude hacer nada por evitarlo —dijo el conductor, de pie frente al descuartizado.

—¡Dios mío! —exclamó una vieja gorda, que llevaba una bolsa llena de verduras—. En los años que llevo viajando en esta línea ...

—Hay que llamar a un policía —interrumpió alguien.

La gente continuaba aglomerándose frente al descuartizado, igual a la gente que se aglomera frente a un muerto o a un herido.

—Circulen. Circulen —ordenó un policía que llegaba en ese momento.

—No pude hacer nada por evitarlo, jefe.

—¡Circulen! Que alguien traiga un periódico para cubrirlo.

—Hay que llamar a una ambulancia.

Lo habían cubierto con papel de periódico. Habían ido a llamar a una ambulancia. La gente continuaba llegando. Se habían dividido en dos grupos: los que lo habían visto descuartizado, y los que lo encontraron bajo el periódico; el diálogo se había entablado. El hombre que podía tener treinta años, y el muchacho que podía tener dieciocho caminaban hacia la Plaza de San Martín.

—Vestía de azul marino —dijo el muchacho.

—Está muerto.

—Es extraño.

—¿Qué es extraño? —preguntó el hombre de unos treinta años.

[5] como un temblor: earth tremors are relatively common in Lima. The capital suffered major earthquakes in 1940 and 1970.

—Vas al cine, y te diviertes viendo morir a la gente. Se matan por montones, y uno se divierte.

—El arte y la vida.

—Humm ... El arte, la vida ... Pero el periódico ...

—Ya lo sabes —interrumpió el hombre—. Si tienes un accidente y ves que empiezan a cubrirte de periódicos ... La cosa va mal ...

—Tú también vas a morirte ...

—Por ejemplo, si te operan y empiezas a soñar con San Pedro ... Eso no es soñar, mi querido amigo.

—¿Siempre eres así? —preguntó el muchacho.

—¿Conoces los chistes crueles?

—Sí, ¿pero eso qué tiene que ver?

—¿Acaso no vas a la universidad?

—No te entiendo.

—¿Sabes lo que es la catarsis?

—Sí. Aristóteles[6] ...

—Uno no ve tragedias griegas todos los días, mi querido amigo.

—Eres increíble —dijo el muchacho.

—Hace años que camino por el centro de Lima —dijo el hombre—. Como ahora. Hace años que tenía tu edad, y hace años que me enteré de que[7] los periódicos usados sirven para limpiarse el culo, y para eso ... Hace ya algún tiempo que vengo diariamente a tomar unas cervezas aquí —dijo, mientras abría la puerta de un bar—. ¿Una cerveza?

—Bueno —asintió el muchacho—. Pero no todos los días.

—Diario. Y a la misma hora.

Se sentaron. El muchacho observaba con curiosidad cómo todos los hombres en ese bar se parecían a su amigo. Tenían algo en común, aunque fuera tan sólo la cerveza que bebían. El bar no estaba muy lejos de la Plaza San Martín, y le parecía mentira haber pasado tantas veces por allí, sin fijarse en lo que ocurría adentro. Miraba a la gente, y pensaba que algunos venían para beber en silencio, y otros para conversar. El mozo los llamaba a todos por su nombre.

—Se está muy bien en un bar donde el mozo te llama por tu nombre y

[6] Aristóteles: Aristotle, the Greek philosopher (384–322 BC). Catharsis involves purging the emotions through participation in tragic actions.

[7] 'me enteré que' in AE and P&J. One of the features of Peruvian Spanish is 'dequeísmo', whereby 'de que' is used in situations (often after verbs) in which peninsular Spanish uses simply 'que'. This pattern is reflected here in the preparation of Alf by Julio Ortega, a distinguished Peruvian critic.

te trae tu cerveza sin que tengas que pedirla —dijo el hombre.

—¿Es verdad que vienes todos los días? —preguntó el muchacho.

—¿Y por qué no? Te sientas. Te atienden bien. **Bebes y miras pasar a la gente**. ¿Ves esa mesa vacía allá, al fondo? Pues bien, dentro de unos minutos llegará un viejo, se sentará, y le traerán su aperitivo.

—¿Y si hoy prefiere una cerveza?

—Sería muy extraño —respondió el hombre, mientras el mozo se acercaba a la mesa.

—¿Dos cervezas, señor Alfonso?

—No sé si quiero una cerveza —intervino el muchacho, mirando a un viejo que entraba, y se dirigía a la mesa vacía del fondo.

—Tengo que prepararle su aperitivo al viejito —dijo el mozo.

—Decídete, Manolo —dijo el hombre, y agregó mirando al mozo—: Se llama Manolo ...

—Un trago corto y fuerte —ordenó el muchacho—. Un pisco puro.

'Extraña diversión'

Venía lejos. Debía venir desde muy lejos, porque su aspecto era el de un hombre fatigado; un hombre que ha caminado demasiado. Venía tal vez de otro distrito, aunque sus ojeras como cardenales indicaban un extremo cansancio, y uno pensaba que estaba muy lejano el día, o el lugar, en que esas ojeras habían empezado a concentrarse sobre su piel. ¿De dónde venía con sus zapatos cubiertos de barro, y con esa camisa mojada por las lluvias de julio? Ningún otro abrigo. Parado allí, en esa esquina, indefenso bajo las nubes pesadas. Las nubes pesadas, casi al alcance de sus manos, como un cielo raso. Sin abrigo, y ese día también llovía en el invierno de Magdalena, y estaba parado en una esquina cerca a la Pera del Amor,[1] no muy lejos del Paraíso de los Suicidas,[2] cerca al Puericultorio Pérez Araníbar, no muy lejos del Manicomio.

Parecía tomar muy en serio esa larga caminata, y era muy extraño todo lo que hacía. Cogía una piedra a este lado de la pista (estaba en la avenida del Ejército[3]), y la cambiaba por otra que recogía al otro lado de la pista. De un bolsillo del pantalón, sacaba una libreta negra. Luego, sacaba también un pequeño lápiz amarillo, buscaba una página en blanco, y dibujaba ambas piedras. Abandonó esa esquina. Caminó unos metros, y se detuvo frente a una casa. Contó las puertas y las ventanas, y apuntó esos números en su libreta. Dibujó la casa. Cerró cuidadosamente la libreta, y la guardó en el mismo bolsillo de donde la había sacado. Apretó la punta del lápiz contra su pecho, y luego lo lanzó fuertemente hacia arriba, como si quisiera perforar las nubes. El lápiz cayó sobre la vereda, y lo estuvo mirando durante varios minutos. Luego, se puso en cuclillas para recogerlo, se incorporó con el

---

[1] la Pera del Amor: a park on the clifftop towards Miraflores that to a degree replaced el Parque Salazar as the meeting point for couples.

[2] el Paraíso de los Suicidas: the cliffs that run along the Lima seafront are about 100 metres high, and a bridge over a gorge on the edge of Miraflores has been used as a jumping point on many occasions.

[3] avenida del Ejército: main road that runs through Magdalena.

lápiz en la mano, y lo miró nuevamente como si quisiera comprobar que la punta no se había roto. Lo limpió cuidadosamente y lo depositó en el mismo bolsillo de donde lo había sacado. Avanzaba. Se detenía. Nuevamente apuntaba y dibujaba cosas en la libreta. Lanzó el lápiz varias veces más contra las nubes, y lo limpiaba siempre antes de guardarlo. Tocó el timbre de una casa, y corrió a refugiarse detrás de un árbol. Alguien abrió la puerta, pero afuera no había nadie. Sacó una vez más su libreta, y estuvo largo rato dibujando esa casa. Luego, atravesó la pista, y avanzó por una calle hasta llegar al borde de un barranco, frente al mar. Se agachó para recoger un palo de escoba que encontró entre unas ramas. Contemplaba, alrededor suyo, **la basura amontonada a través del tiempo**. Montones y montones de basura alrededor suyo, y los estaba barriendo con su palo de escoba. Trataba de llevarlos hacia el borde del barranco, hacia el abismo, y hacia el mar, pero se detenía a mirar los nubarrones que avanzaban en sentido contrario, y que parecían venírsele encima. Alzó el brazo como si tratara de defenderse, pero giró violentamente como vencido por los nubarrones y dejó caer el palo de escoba. De espaldas al barranco, miraba hacia las casas, y allá, a lo lejos, vio que se abría una ventana y que alguien sacudía una alfombra en el aire. Sacó rápidamente su libreta, cuidadosamente su lápiz amarillo, y tomó nota de todo eso, hasta que la ventana se cerró. Guardó la libreta y el lápiz. Giró nuevamente, y se puso cara al barranco. Recogió el palo de escoba, y se dejó caer de rodillas, adoptando la posición de un tirador. Apuntó con el palo de escoba ... Un hueco. Basta un hueco. Les voy a abrir un hueco. Uno. Todo se chorrea por un hueco. Un hueco. Nubarrones hijos de puta. Vengan vengan nubarrones. Desde aquí un hueco nubarrones. Nubarrones como todo. No volverán a hacer. No lo volverán a hacer. Bastante suficiente harto nubarrones. Montones. Basura. Montones de mierda basura. Montones. Cojones. Cojones míos. Delen delen delen cojones. Cajones. Mierda. Cagar mierdar mierdar merendar. Infinitivos. Amar sufrir aprender aguantar. No más no más no más no más. Morir no ver adulterar cojear tambalear matar morir amar bastar. No dar más no más no más no más aguantar. Infinitivos como vida. Mi vida. Hubiera querido mi vida y sólo sólo sólo sólo ... Vengan nubarrones hijos de puta. «Ta ta ta ta ta tatatatatata», gritaba, disparando entre la lluvia contra los nubarrones.

Había regresado a la avenida del Ejército. Había quebrado la punta de su lápiz escribiendo en uno de los muros del Manicomio, y a través de las rejas, miraba ahora los jardines y los pabellones del hospital. Estuvo mirando durante un cuarto de hora, y luego siguió avanzando con dirección a la avenida Brasil,[4] hasta detenerse en la esquina en que terminaba el muro del Manicomio. Prestaba mucha atención: «un-dos-un-dos-un-dos» alguien marchaba. «28 de julio»,[5] pensó, y dobló a la derecha. Corría.

Había corrido unos cien metros, y ahora estaba bastante cerca y las veía muy bien. Marchaban. Cientos de muchachas marchaban. Marchaban alrededor de su colegio, y se preparaban para el desfile escolar.[6] Entrenaban ahí, delante suyo. Y la parte posterior de ese colegio daba a esa calle. Y la pared lateral del Manicomio daba a esa misma calle. Y entre las dos paredes: «un-dos-un-dos-un-dos-un-dos». Y él escuchaba cuando marcaban el paso, pero también escuchaba esas voces: «un-dos-un-dos-un-dos-un-dos-un-dos», allí arriba sobre el muro, y los miraba, y eran unos hombres con caras muy graciosas y simpáticas. «Deberían peinarse mejor», pensó. Y esos hombres aplaudían y coreaban: «un-dos-un-dos-un-dos-un-dos», y no dejaban de aplaudir ... Él había visto esa puerta. Esa puerta estaba abierta, y por allí entraban las visitas, o sabe Dios quién. Cualquiera podía entrar por esa puerta, y «un-dos-un-dos-un-dos-un-dos» de dónde había sacado fuerzas para treparse a ese muro, pero allí estaba él también, y su cara graciosa asomaba por arriba, mientras aplaudía feliz, y gritaba «un-dos-un-dos-un-dos». Y las chicas que desfilaban frente al Manicomio sonreían mirándolos de reojo, «un-dos-un-dos-un-dos-un-dos-un-dos-un-dos» gritaba Manolo, aplaudiendo al mismo tiempo, y en una de esas logró ver la hora en su reloj, y pensó que en su casa estarían empezando a almorzar, y que tal vez debería volver, sería mejor si volviera, porque allá, en su casa, alguien podría preocuparse ... «un-dos-un-dos-un-dos-un-dos-un ...»

[4] avenida Brasil: main road linking central Lima and Magdalena, built in 1899.
[5] 28 de julio: Peru's Independence Day.
[6] Peruvian schools normally organise public parades on key national holidays.

Notes

Linares, por amigos: the Linares are also the subject of the short story 'Antes de la cita con los Linares', included in the collection *La felicidad, ja ja* (1974). The importance of friendship for the author is expressed in this collection in the broader context of relationships and communication.

'Dos indios'

el criollismo limeño: a set of values that typify the perspective of those living in the capital, particularly the middle classes. Characterised by machismo, sharp wits, mocking humour and a desire to get the better of others, perhaps making them look foolish in the process.

cojudote: augmentative form of 'cojudo'. One of the characteristics of Peruvian Spanish is the widespread use of diminutives and augmentatives. This usage is strongly reflected throughout this collection, often reinforcing notions of the physical (and metaphorical) importance of external appearances.

una monja que era mi profesora: the first of many references to the important position held by religion in contemporary Peru. This is most evident in its presence in schools in 'El camino es así' and in association with guilt in 'Las notas que duermen en las cuerdas' and 'Yo soy el rey'.

Blanquillo, que era hincha de la «U»: Blanquillo is the first of many references that link people's identity to their physical appearance, one of the themes explored in the collection. The fact that he is a fan of Universitario de Deportes is fitting, as this has traditionally been the 'white' football team of Lima.

maestro: another typical way of referring to people in Lima is by means of their profession. Here, we are apparently talking about a master builder, but the term is often used in a manner that parodies the use of terms of respect such as 'doctor' and 'ingeniero', both found in 'Las notas que duermen en las cuerdas'.

«chutos», **«serruchos»**: insults aimed at indigenous Peruvians, based on physical appearance and geographical origin (from *la sierra* – the Andes) respectively. It is worth noting the contrast here with Blanquillo, as whites and the indigenous population have historically represented the two extremes of the Peruvian social and ethnic hierarchy.

cebiche: chunks of white fish marinated in lime juice, a typical dish of coastal Peru. That Manolo likes both 'cancha' and 'cebiche' may be taken as a symbol of his acceptance of the presence of European (coastal) and indigenous (Andean) traditions alike in contemporary society.

'Con Jimmy, en Paracas'

rayas, hasta había tiburones: sting rays are fairly numerous on the beaches around Paracas, and give you a nasty sting if you tread on one. However, the cold waters of the Humboldt current make sharks an unlikely danger, and the credence Manolo gives to this as a serious risk highlights his innocence.

apellido: surnames reveal much about social (class) and ethnic (European, oriental, indigenous) origins in Peru. Certain surnames, typically from western Europe, are strongly associated with the oligarchy that has effectively held political and economic power for centuries.

latas de agua: the fact that Manolo's family recycle tin cans as water containers reveals a good deal about their economic status, while the fact they wash their own car speaks volumes about their position outside the social elite, who almost never undertake routine domestic chores.

'El camino es así (con las piernas, pero también con la imaginación)'

El hermano Tomás: many educational institutions in Peru were founded by religious orders, and in the 1960s most of Lima's private schools were run by nuns and priests. State schools and private schools alike were typically single-sex, and many continue to be so today.

'Su mejor negocio'

Raimondi: the different immigrant communities in Lima have their own schools, which often teach in the respective languages of those communities, another indication of the marked differences in society and the lack of social cohesion. The Raimondi is the Italian school, which is unusual in Lima in that it is attended by both boys and girls.

'Las notas que duermen en las cuerdas'

cargaran las andas en las procesiones: a reference to the practice of carrying floats in religious processions, such as that of *El Señor de los milagros* in Lima every year in October/November. The contrast here between the girls' imagined participation in religious ceremonies and the attraction of their tanned limbs highlights the conflicting roles traditionally ascribed to women in Lima society.

hacerse recomendar al jurado: someone asks the teacher to pass you, either as a personal favour or for some concrete benefit (a gift or money). This is one of the few references in the collection to corruption, others coming in 'Dos indios', in the form of the narrator's free airline tickets gained as a result of his aunt's sexual relations with a company executive, and the use of the term 'compadre', which literally refers to the practice of 'compadrazgo' or godfathering.

Nacimiento: the nativity scene, recreated with models (usually ceramic) of the animals and characters involved: an integral part of the Christmas celebrations in a Peruvian household. That this reference to a Christian religious ceremony comes so soon after the US-style end-of-year school ceremony highlights the dependence of middle-class Peru in particular on foreign cultural models. They also relate to the broader theme of routine as a means of ordering reality, something that emerges strongly in this story.

húsares de Junín: a military regiment that bears the name of the final battle for Independence from Spain in 1824. These few lines contain a concentration of references to the armed forces, which have played a prominent role in Peruvian political and social life since the time of the Conquest. In relation to the Peru of *Huerto cerrado*, a military dictatorship held power from 1948–56, a military junta was in office in 1962–63, and another coup in 1968 brought in the Gobierno Revolucionario de las Fuerzas Armadas, discussed in the 'Introduction'.

Plaza San Martín: one of the main squares in the centre of Lima, constructed in 1921 to commemorate the centenary of Peru's Independence and named after one of the liberating heroes, General José de San Martín. It is tempting to make a connection between the importance

157

of this square as a point of reference in the collection and the theme of Manolo's attempts to gain his own independence from social convention. La Plaza San Martín features again in both 'El descubrimiento de América' and 'El hombre, el cinema y el tranvía'.

pálida: as well as indicating vulnerability, pale skin inevitably also denotes European descent. Manolo's questioning of social convention does not lead him to look significantly beyond girls of his own social class and ethnic group, although he seeks to exaggerate the differences between himself and América so as to impress her.

ocultando una parte del rostro: from the Colonial period through to the nineteenth century it was a widespread fashion in Lima for women to cover most of their face with a veil, leaving just one eye uncovered. Originally a symbol of female modesty, echoes of it here suggest that women continue to be subject to the demands of a very traditional male-dominated society.

'Una mano en las cuerdas'

respingada: a snub nose. Several of Bryce's other protagonists fall for girls with 'la nariz respingada', such as Tere in the 1995 novel *No me esperen en abril*. The focus on the face and hands corresponds to Manolo's idealised and platonic vision of relationships, and serves as a point of contrast to his relationships with the opposite sex in 'Yo soy el rey' and 'El descubrimiento de América'.

Es linda. Debe ser buenísima: Manolo assumes here that internal qualities are an extension of external appearance. This notion is repeatedly called into question, in this story and elsewhere, through the use of names that derive from physical appearances and the juxtaposition of adult and adolescent narrative perspectives.

Parecía un pato en una revista en colores para niños: the innocence of Manolo, expressed through the point of comparison, serves as a contrast with the reference to magazines in 'Yo soy el rey', in which the magazines he tries to bring to mind are full of pictures of nude models.

Chino: someone with (even slightly) oriental features, another nickname commonly used to express racial and physical departures from the hegemonic model of white skin. In the late nineteenth century, some 100,000 Chinese 'coolies' were imported to Peru to carry out manual labour following the abolition of slavery in 1854. In addition, some 18,000

Japanese immigrants arrived in Peru in the first two decades of the twentieth century.

Cecilia parecía no haberse dado cuenta de todo lo que había ocurrido: given the pummeling on the back of their seats and the theatrical manner in which the episode is conducted, it seems highly unlikely that Cecilia would not have noticed what was going on. This is further emphasised by the repetition of variations on this phrase over preceding paragraphs. More probably, she goes along with what she also recognises as conventional steps in their relationship.

Ricardo Palma: Peruvian author (1833–1919) wrote hundreds of short texts known as *tradiciones*, which described people and events from across Peru's history and geography, all from the perspective of middle-class Lima. As mentioned in the Introduction, considered one of the founding figures of the Latin American short story. Palma can be seen to some degree as a precursor of Bryce in terms of his writing about the country from a middle-class perspective grounded in the daily experiences of Lima.

ella estudiaba su respuesta: this comment confirms that Cecilia is indeed also playing by the rules of the game, and that both sexes are equally bound by what Manolo describes as 'las reglas del juego'.

la besé muchas veces: Manolo and Cecilia also appear in Bryce's 1970 novel *Un mundo para Julius*, in which Julius finds them kissing in a corridor in the Country Club.

'Un amigo de cuarenta y cuatro años'

colegio de San E.: the location, physical description and inhabitants of the school leave little doubt that this is the school Bryce attended in Los Ángeles, between Chaclacayo and Chosica. It also appears at the heart of the 1995 novel *No me esperen en abril*.

provincianos: boys from the provinces. It was common for wealthy families to send their children to Lima for their schooling, a state of affairs that reflects the very high degree of centralisation in the Peruvian capital. Jimmy, in 'Con Jimmy, en Paracas', is another example of a boy from a wealthy provincial family attending school in Lima.

Estaban en un aprieto: this repeats the phrase used to describe Manolo's dealings with Miguel in 'Su mejor negocio', and is a good example of how close repetition of scenes enables the reader to chart the protagonist's changing relations with those around him.

se puso la corbata: in some of Bryce's later works, the act of putting on a tie comes to symbolise acceptance of the routines and conventions that constitute social interaction. It echoes the poem 'He aquí que hoy saludo' by Bryce's compatriot César Vallejo (1892–1938), in which the poet states that 'me pongo el cuello y vivo'. Vallejo also addressed the tension between isolation and alienation on the one hand and communion with one's fellow humans on the other.

'Yo soy el rey'

viejo saco de corduroy marrón: the one Manolo bought at the end of 'Su mejor negocio', one of the many examples of internal connections between the stories that the engaged reader is invited to notice, thereby participating in the process of literary creation.

Era un muñeco: the metaphor serves to highlight the notion that Manolo is under the influence of forces beyond his control.

¿Le dijiste que habías estado en otros burdeles?: relationships with the opposite sex are again based on deceit so that a man should not be seen to be inferior in any regard to a woman.

'El descubrimiento de América'

inmigrantes italianos: over the course of the second half of the nineteenth century and the first half of the twentieth, Italy provided more immigrants to Peru than any other European country. Many of them went into commerce, and a good number became shopkeepers, as in the case of América's parents.

Pero Manolo había nacido mudo para esas palabras: one of many references to Manolo's inability to express himself. The theme of communication is very much to the fore in this story, and the manner in which Manolo can talk freely to the intelligent Marta is contrasted with the silences that characterise his time with the beautiful América.

él salía de la Universidad: this reveals Manolo to be 17. The university referred to here is presumably the Universidad Nacional Mayor San Marcos, where Bryce studied only a few blocks from the Plaza San Martín. In the late 1960s San Marcos relocated to a new campus between Lima and Callao.

él tampoco había cambiado a pesar de haber aprendido tantas cosas: this phrase marks the crux of this story and is one of the key themes of the collection: the tension between remaining true to ideals and changing as a result of experience. It also strengthens notions of the stories as a cycle that follows in the tradition of the *Bildungsroman*, a novel concerned with the development of a character in his or her formative years.

el día tres de enero: the date coincides exactly with the first diary entry of 'Una mano en las cuerdas', again illustrating the potential of the short-story cycle for making connections between stories, and the active role the reader is expected to take in the construction of meaning.

Me jalaron en tres: América fails three exams, despite Manolo's previous assurance that no one fails their school-leaving exams. This confirms Marta's view that she is not intelligent, and Manolo's indifference informs the reader that he is interested only in her body, and that she does not provide the route to his desire to 'amar como antes'.

durante más de una semana se bañaron diariamente en Huampaní: again, the dates (from 14 January) tie in exactly with Manolo's visits to the swimming pool with Cecilia in 'Una mano en las cuerdas', allowing the reader to make comparisons and note changes over time.

Siempre soy morena: this phrase highlights the difference between América and Cecilia (who was of Austrian origins), and Manolo's previously idealised visions of girls. It also confirms that América does not belong to the socio-economic elite.

si paso un mal rato en una fiesta el carro mis amigas se acostumbrarán a que mi enamorado no es tan buen mozo: this insight into América's thoughts confirms that she is with Manolo because she believes him to be wealthy. She is also aware of the fact that her looks and her body – rather than her intellect – will enable her to improve her position in society.

otros enamorados no le he dicho he tenido: América, too, deceives Manolo about her previous experience, adopting the role expected of her.

rabo: literally tail, but used here to mean backside. The description of América (and girls in general) via the use of words normally used to refer to animals dehumanises them and is part of a broader *machista* discourse that treats women as inferior beings. An extreme example is the manner in which one of the prostitutes in 'Yo soy el rey' was reduced to being nothing more than 'un gran culo'.

(**Manolo había aprendido a llamarla así**): the narrator draws attention to this phrase via the parenthesis to highlight the manner in which Manolo's behaviour is being conditioned by convention. Note how elsewhere the adult narrator refers to the 'bodega', rejecting the more pretentious usage.

no hablaban: one of many references to the lack of communication, both in this story and throughout the collection. Its occurrence here is especially significant because Manolo had planned to tell América all about his deception, thereby enabling him to 'amar como antes', but her body gets in the way of his good intentions.

'La madre, el hijo y el pintor'

Toda mujer tiene que arreglarse para salir, para ser vista: this indicates once again the role traditionally ascribed to women in Peruvian society, but at the same time is also a realistic reflection of the importance given to external appearances in public life.

'El hombre, el cinema y el tranvía'

Bebes y miras pasar a la gente: note the similarity with Manolo's actions in the opening story. Routine here emerges as a means of ordering and coping with human existence on a daily basis. Manolo rejects it here, but appears to have accepted it in 'Dos indios'.

'Extraña diversión'

la basura amontonada a través del tiempo: the rubbish that has built up is metaphorical as well as literal, and presumably refers to his experiences during the course of the preceding stories.

Temas de discusión

1. ¿Cuáles son los eventos y pensamientos que marcan los pasos más importantes en el camino que emprende Manolo entre la infancia y la adultez?

2. En el cuento 'Una mano en las cuerdas', el mismo día en que Manolo conoce a Cecilia dice que 'La quiero mucho'. ¿Crees que Manolo realmente quiere a Cecilia, o es otra cosa lo que experimenta?

3. En 'Una mano en las cuerdas' (25 de marzo) Manolo escribe que 'Cecilia y yo hemos crecido.' ¿Hasta qué punto consideras que las experiencias de los dos en los tres meses anteriores justifican esta afirmación?

4. En el cuento 'Dos indios', ¿cuál es el impacto de tener un narrador en primera persona?

5. En el cuento 'Con Jimmy, en Paracas', ¿cuál es el impacto de alternar un narrador infantil con un narrador adulto?

6. ¿*Huerto cerrado* puede considerarse una novela? ¿Cuáles son las implicaciones de la manera en que vemos el texto con respecto a diferentes géneros literarios?

7. A lo largo de *Huerto cerrado* hay una serie de elementos que se repiten. Estos ecos de acciones y pensamientos nos permiten hacer comparaciones y apreciar hasta qué punto Manolo ha cambiado. ¿Cuáles te parecen los puntos de repetición o comparación más importantes, y por qué?

8. Tomando los dos cuentos 'Una mano en las cuerdas' y 'El descubrimiento de América', ¿cuáles son los puntos que tienen en común que nos permiten comparar los cambios en la actitud de Manolo con respecto a las chicas, y qué nos dicen de estos cambios?

9. Uno de los temas principales de *Huerto cerrado* es el aprendizaje, pero hay muy pocas menciones del colegio de Manolo. ¿Cómo se explica esta aparente anomalía?

10. A lo largo de *Huerto cerrado* hay una serie de referencias a elementos de procedencia extranjera. ¿Qué nos sugiere la manera en que se

representan estos objetos – y otros más claramente peruanos – con respecto a la actitud del autor frente a la sociedad en la que se encuentra el protagonista? (Véase, por ejemplo, 'Con Jimmy, en Paracas', 'Su mejor negocio' y 'Yo soy el rey'.)

11. A través de numerosas referencias a calles, barrios y lugares concretos, la ciudad de Lima llega a cobrar cierta importancia. ¿Qué papel juega la ciudad como espacio físico en el desarrollo de Manolo?

12. ¿Cómo se percibe el papel de la iglesia en la sociedad contemporánea a través de los cuentos de *Huerto cerrado*? (Véase, por ejemplo, 'Las notas que duermen en las cuerdas' y 'Una mano en las cuerdas'.)

Temas de debate

1. ¿Hasta qué punto Manolo es un típico adolescente? ¿Cuáles son las características (físicas, intelectuales, emocionales) que marcan su diferencia o su similitud con respecto a la sociedad en la que vive?
2. ¿Consideras que en el fondo el tema de *Huerto cerrado* es el individuo o la sociedad?
3. La comunicación es un tema fundamental en los cuentos de *Huerto cerrado*. ¿Cuáles son las estrategias que emplea el autor para tratarlo y señalar su importancia?
4. ¿Hasta qué punto las experiencias de Manolo son representativas de una condición humana universal, y hasta qué punto dependen de condiciones locales específicas con respecto a temas como género, clase social, o cuestiones étnicas?
5. ¿Hasta qué punto el desarrollo de Manolo depende de factores externos al protagonista, y hasta qué punto depende de factores internos?
6. Por tener un narrador externo en tercera persona y ubicar al protagonista en Europa, 'Dos indios' se destaca como una excepción a la comunidad que establece el resto de los cuentos. ¿Cuál es la función de este cuento con respecto a los demás?
7. 'Extraña diversión' es el más corto de los cuentos de *Huerto cerrado*. A pesar de esto, ¿hasta qué punto crees que puede considerarse el cuento más importante?
8. Analiza el papel de la mujer en cuanto su relación con el hombre y con la sociedad limeña en general.
9. Identifica las instituciones sociales más significativas de *Huerto cerrado* y considera su importancia en el contexto de los cuentos.
10. ¿Cómo prefieres leer *Huerto cerrado*: como el triunfo del individuo, o como una ilustración del poder abrumador de las convenciones sociales?

Selected vocabulary

abalanzarse, to hurl oneself, to rush
abismo, el, abyss
abrigo, el, shelter, protection
abrumador, overwhelming
abultarse, to inflate, to stick out
acariciar, to caress
aceite, el, oil
acera, la, pavement
acercar, to draw near
achinado, almond (eyes)
aconsejar, to advise
acuerdo, el, agreement
acusar, to tell on someone
ademán, el, gesture
adivinar, to guess
afeitarse, to shave
afiche, el, poster
afilar, to sharpen
afluencia, la, flow, influx
agacharse, to bend down
aglomerarse, to crowd together
agotarse, to run out, to be
  exhausted
agotar, to exhaust
agregar, to add
aguantar, to stand, to put up with
ahogado, suffocated, muffled
alarido, el, shriek
albañil, el, bricklayer
alborotado, excited, hasty
(al) alcance, in reach
alcanzar, to reach
alegar, to allege

alejarse, to move away
alentar, to encourage
algodón, el, cotton
aliviarse, to feel better, to feel
  relieved
alivio, el, relief
almidonado, starched
alzar, to raise
amable, kind
amarrar, to tie
amasar, to knead, to massage
ambiente, el, atmosphere
amenazar, to threaten
(a sus) anchas, at one's leisure
ancho, wide, broad
angustia, la, anguish, concern
anillo, el, ring
ánimo, el, courage
antebrazo, el, forearm
anteojos, los, glasses
antigüedad, la, antique
anuncio, el, announcement, advertisement
apartar, to take away
apenar, to make you feel sorry
aperitivo, el, aperitif
apestar, to stink
aplastar, to squash
apoderarse de, to take control of
apoyar, to rest
apresurarse, to hurry
apresuradamente, hurriedly
apretar, to squeeze

aprieto, el, fix, awkward situation
aprovechar, to take advantage of
apuntar, to note, to write down, to aim
apurarse, to hurry up
ardor, el, burning sensation
armar, to put together
arrabalero, coarse, from the slums
arrastrar, to drag
arrecho, horny
arreglar, to arrange
arreglarse, to get ready, to make oneself look nice
arrepentirse, to feel sorry
arrodillado, kneeling
arrojar, to throw (out)
arrojarse, to throw oneself off
arruga, la, wrinkle
arrugado, wrinkled
arrugar, to wrinkle
asa, el (f.), handle
asco, el, disgust
asistir, to attend, to be present
asomar, to stick out
asombro, el, amazement
aspecto, el, appearance
áspero, rough
asquerosidad, la, disgusting word
asta, el (f.), flagpole
asustado, frightened
atracarse, to get stuck
atragantarse, to choke, to swallow the wrong way
atrasado, late
atrasarse, to be late
atravesar, to cross
atrayente, attractive
atreverse, to dare
atropellar, to run over
atuendo, el, attire
auge, el, zenith, peak
avergonzar, to put to shame

averiguar, to find out
avisar, to inform
aviso, el, advertisement

bache, el, bump, pothole
bailarín, el, dancer
bajar la basta, to let down the hem
balancearse, to rock to and fro, to roll
balde, el, bucket
balneario, el, resort
banca, la, bench
bandeja, la, tray
barranco, el, cliff
barrer, to sweep
barriga, la, stomach, tummy
barrio, el, neighbourhood
barullo, el, ruckus, noise
basta, la, hem
bastón, el, walking stick
bata, la, dressing gown
batir, to beat
billetera, la, wallet
blando, soft
blusa, la, blouse
boca del estómago, la, pit of the stomach
bocadillo, el, sandwich
bocado, el, mouthful
bodega, la, corner shop, general store
boina, la, beret
bólido, el, racer, fast car
bombilla, la, light bulb
bongosero, el, bongo drummer
borde, el, edge
borracho, drunk
bostezar, to yawn
boya, la, buoy
bracear, to swim, to move one's arms
brevete, el, driving licence

brindar, to offer/afford/give a toast
bromear, to joke
bucear, to dive, to swim underwater
buen mozo, good-looking
bufón, el, jester, buffoon
buitreado, covered in vomit
bulliciosamente, noisily
bulto, el, shape, bulk
burdelero, of a brothel
burdo, coarse, rough
burlarse, to mock, to make fun of
burlón, mocking
butaca, la, seat

cabecear, to nod (off)
cabrón, el, pimp
cachar, to screw [sex act]
cadalso, el, gallows
cadena, la, chain
cadera, la, hip
cagar, to defecate
cagarse de risa, to split your sides
cajón, el, drawer
calabozo, el, prison, dungeon
calatearse, get undressed (Per Sp)
callo, el, corn, callus
calvicie, la, baldness
calzoncillos, los, underpants
caminata, la, walk
campaña, la, campaign
cantimplora, la, water bottle, flask
capaz, capable
carajo, damn it!
carcajada, la, laugh
cárcel, la, prison
cardenal, el, bruise
cargar, to carry
carpeta, la, desk (Per. Sp.), folder
carrera, la, race
carro, el, car
casaca, la, jacket
caseta, la, cab

castaño, chestnut
castigar, to punish
(por) casualidad, by chance
catre, el, bed
ceder, to give up, to give way
cejas, las, eyebrows
celeste, sky blue
cenicero, el, ashtray
cenizas, las, ashes
cepa, la, stock, origins
cerdas, las, bristles
cerro, el, hill
césped, el, lawn
chaleco, el, waistcoat
chancro, el, chancre, symptom of
    syphilis
chantaje, el, blackmail
charco, el, pool
chiflado, crazy, nuts
chillar, to scream
chingana, la, cheap bar, dive
chirriar, to squeal
chiste, el, joke
chorrear, to run down
chorrearse, to gush out, to pour
    out, to spill something down
    yourself
chuchumeca, la, hooker, whore
chuchumequero, relating to a
    chuchumeca
chueco, bent, crooked
chupón, el, dummy, lollipop
cicatriz, la, scar
cierre relámpago, el, zip
cifra, la, figure, number
cintura, la, waist
ciprés, el, cypress tree
circular, to walk about, move along
cita, la, date, meeting
clavar, to fix, to nail
clavo, el, nail
cobrar, to cash

cochinada, la, dirty thing
cocos, los, football studs
codazo, el, a bump with an elbow
codo, el, elbow
cohetón, el, rocket
cojear, to limp
cojones, los, balls, bollocks
cojudo, el, a vulgar term for a fool
cola, la, queue
colchón, el, mattress
colegial, el, schoolboy
colegiala, la, schoolgirl
cólera, la, anger
colgar, to hang
colillas, las, cigarette butts
colmo, el, height, peak
colocar, to place
compadre, el, mate, buddy
complot, el, conspiracy
comprimido, el, crib sheet
comprobar, to check, to confirm
concha tu madre, bastard
concurso, el, contest
confiar, to trust
conforme, as, while
confundido, confused
conmover, to move (emotionally)
consejo, el, piece of advice
construcción, la, building site
contratar, to give (someone) a job
coquetamente, flirtatiously
corear, to chant
corto, el, short film
corvina, la, sea bass
cosquilleo, el, tickling
costurera, la, seamstress
cráneo, el, skull
crecer, to grow
crines, los, mane
crisparse, to get on edge, to tense
   up
crujir, to creak

cuadra, la, block
cuadrado, square
cuadro, el, picture
cualquiera, anyone
cuarto, el, room
(en) cuclillas, to be squatting down
cuenta, la, bill, check
cuero, el, leather
cuerpazo, el, great body
culebra, la, snake
culo, el, backside
culpable, guilty
cutis, el, skin, complexion

darse por vencido, to give up
declararse, to ask someone out
dejar plantado, to stand someone
   up
delatar, to betray, to give away
demorar(se), to take a long time
deprimente, depressing
derrochar, to squander
derrumbar, to knock down
derrumbarse, to collapse
desafío, el, challenge
desahogarse, to let off steam, to get
   it out of your system
descansar, to rest
descharolado, having lost its veneer
desconcertado, bewildered
desconfiar, to distrust
desconocido, el, unknown person
descosido, unsewn
descuartizado, el, person who's
   been torn apart
desencanto, el, disillusion
desfilar, to parade
desfile, el, parade
desgano, el, reluctance
desgarrado, tattered
deshacerse de, to get rid of
deslizarse, to slide

desmayarse, to faint
desmontar, to dismount, to get off
desnudo, naked
despeinado, dishevelled
despertador, el, alarm clock
desplazar, to move
despoblado, el, open space
desportillado, chipped
despreciar, to spurn, to despise
desprecio, el, disdain
desprenderse, to let go
destapar, to take the lid off
destrozar, to destroy
desvencijado, rickety
desviar la mirada, to look away
dibujos animados, los, cartoon
diputado, el, member of parliament
disculparse, to apologise
disfrazarse, to disguise oneself
disimuladamente, furtively, covertly
disparar, to shoot
dispuesto, ready, prepared
distraído, absent-minded
doblar, to turn a corner
domador de fieras, el, trainer of wild animals
don Juan, el, ladies' man, lover boy

ecran, el, screen
empapar, to get soaking wet
emparar, to catch
empinarse, to stand on tiptoe
empleado, el, state employee, office worker
enamorada, la, girlfriend
encajar, to fit, to match
encargar, to entrust, to ask
encargarse, to look after
encargo, el, message
enceguecer, to (go) blind
encerrado, shut away, enclosed

enchufar, to plug in
encogerse, to curl up
endemoniado, devilish
enderezar, to straighten
enfrentarse a, to face up to
enganchar, to hook
engancharse, to get caught up
engañar, to deceive
enlazar, to link up
enmudecer, to go dumb
ensarte, el, a disappointment
entablar, to strike up, to start
enterarse, to find out
entrada, la, ticket
entreabierto, ajar, half open
entretenido, entertaining
entrever, to glimpse
escalofrío, el, shiver
escotado, low-necked
escote, el, low neckline
escupir, to spit
espantar, to terrify
esparadrapo, el, sticking plaster
espina, la, bone (of fish)
estadía, la, stay
estallar, to explode
estallido, el, explosion
estirar, to stretch
estorbar, to get in the way, to bother
estrecho, narrow
estrellar, to crash, to smash
estrenarse, to show for the first time
extrañar, to miss someone
extraviado, lost

facha, la, appearance
fachada, la, façade
faja, la, corset
fallar, to fail, to go wrong
falta, la, lack

faros, los, headlights
fastidiar, to bother, annoy
fastidio, el, annoyance
felicitar, to congratulate
festejar, to celebrate
fiel, faithful
fijarse, to notice
fila, la, row
fingido, false
fingir, to pretend
firma, la, signature
firmar, to sign
flaco, skinny
flamante, brand new
flaquear, to grow weak
flojera, la, laziness
florero, el, vase
fondo, end, back
forcejear, to struggle, to wrestle
fósforo, el, match
franela, la, flannel or cloth
frasco, el, jar
frazada, la, blanket
fregar, to annoy
frenos, los, brakes
frutero, el, fruit bowl
funicular, el, funicular railway
fustán, el, petticoat

garabatear, to scrawl
garita, la, hut
gaseosa, la, fizzy drink
gemido, el, groan
gerente, el, boss
girar, to go round and round
golpear, to tap, to bang
gorro, el, cap
gota, la, drop
gotear, to drip
grabar, to record
gracioso, funny, amusing
grasiento, greasy

gratis, free
gresca, la, brawl, scrap
grosería, la, vulgarity, rudeness
grosero, rude
grueso, thick
guantera, la, glove compartment
guardabarro, el, mudguard
guardar, to keep
guardián, el, security guard
guiñar, to wink
guindo, cherry red

hablar al viento, to waste one's
      breath
hacienda, la, large estate
hartarse, to get fed up
harto, fed up
heladero, el, ice cream vendor
herida, la, injury, cut
hervir, to boil
hierro, el, iron
hijo de puta, el, son of a bitch
hilera, la, row, line
hilo, el, thread
hueco, el, hole
huerto, el, orchard
huir, to flee
humilde, humble
hundir, to sink

inclinarse, to lean over
inconfundible, unmistakable
incorporarse, to get up
ingeniárselas, to manage, to
      contrive
inmundicia, la, filth
inmundo, filthy
inquietarse, to worry
insignia, la, badge
intermedio, el, interval
interno, el, boarder
interponerse, to come between

171

invicto, unbeaten

jalar, to fail (an exam) or to pull
jarana, la, party, wild time
joder, to be annoying, to be a pain
jurado, el, jury
(con las) justas, only just

lacio, straight (hair)
ladrón, el, thief
lagrimear, to weep
lampa, la, spade
lana, la, cash, money
lancha, la, motorboat
lanzarse, to throw yourself
lata, la, tin
latido, el, beating
lavatorio, el, sink, washbasin
lavandera, la, washerwoman
lesión, la, injury
letrero, el, sign post
libreta, la, notebook
ligero, light
limeño, el, resident of Lima
limpiabrisas, los, windscreen
    wipers
lindo, lovely
lisura, la, rude word
llamativo, gaudy, flashy
llanta, la, tyre
llanto, el, cries, crying
llevar la cuenta, to keep count
llorona, la, crybaby
llorosa, tearful
lloviznar, to drizzle
lomo, el, a girl with a good body.
    Literally a fillet steak, choice
    piece of meat
luna de miel, la, honeymoon

malcriado, bad-mannered
maldito, damned

malecón, el, pier, promenade
maleta, la, suitcase, satchel
malla, la, swimsuit
malograr, to spoil, to ruin
malpensado, evil-minded
malsano, unhealthy
maltrecho, in a bad way
manchado, stained
mandar a rodar, to tell someone to
    get lost
manejar, to drive, to handle
manga, la, sleeve
manguera, la, hosepipe
manicomio, el, mental hospital
manosear, to feel, to grope
mantel, el, tablecloth
maquillarse, to put on make up
marca, la, make, brand name
marearse, to feel sick
maricón, el, queer, gay
mármol, el, marble
mastodonte, el, mastodon, massive
    guy
matiné, el, afternoon showing
matón, el, bully
mayordomo, el, servant, butler
medias, las, socks
medida, la, measure
mejilla, la, cheek
melena, la, flowing hair
mentir, to lie
mentiroso, el, liar
meter la pata, to foot your foot in it
misa de gallo, la, midnight mass
misal, el, missal, prayer book
mocoso, el, snotty-nosed kid
mole, la, mass, bulk
mostrador, el, counter, bar
mozo, el, waiter
mudarse (de casa), to move home
mueca, la, grimace
muñeca, la, wrist

muñequearse, to lose your nerve
muslo, el, thigh

nalga, la, buttock
narigón, big-nosed
natal, native
náufrago, el, castaway
negar, to deny
novedad, la, novelty
nubarrón, el, storm cloud
nuca, la, back of the neck
nudo, el, knot

oculista, el, optician
oculto, hidden
ocurrencia, la, witty remark, bright idea
ojalá, if only
ojeras, las, bags under the eyes
olor, el, smell
oprimir, to squeeze, to oppress
orgulloso, proud
orinar, to urinate

pabellón, el, block, section
pajero, el, wanker
palangana, la, basin, bowl
palmera, la, palm tree
palo (de escoba), el (broom)stick
palomilla, la, street kid, urchin
palpar, to touch, to fondle
pantorrilla, la, calf (of leg)
paradero, el, bus-stop
pararse, to stand up
parche, el, patch
parquear, to park
pasaje, el, ticket
pasear(se), to go on a trip
pasto, el, grass
pastoso, doughy
patear, to kick
patota, la, gang

payaso, el, clown
pecado, el, sin
pecera, la, fish tank
pedazo, el, piece
pegarse un tiro, to shoot oneself
pelado, bare or skint
pelea, la, fight
pellejo, el, skin, hide
pellizcar, to pinch
pelotear, to kick a ball about
peludo, hairy
pendejo, el, sly devil
pene, el, penis
percha, la, coat hanger
perder los papeles, to lose control, to get flustered
perezoso, lazy
perfil, el, profile
permanecer, to remain
persiana, la (roller) blind
pertenecer, to belong
pesar, to feel heavy, to weigh
pescuezo, el, neck
pésimo, awful, really bad
pezón, el, nipple
picar, to sting, bite
piedad, la, pity
pinga, la, penis, dick
pinta, la, appearance
pintura, la, paint
piropo, el, flirtatious comment
pisar, to tread on
pisco, el, grape brandy
pista, la, road
pitada, la, puff, drag
placa, la, registration plate
plagiar, to plagiarise, to copy
plata, la, cash, money
pleito, el, argument, fight
plenitud, la, fullness
plomo, grey
podar, to prune

polvo, el, dust or sexual relations
polvoriento, dusty
pomada, la, ointment, cream
ponerse de pie, to stand up
portazo, el, the slam of a door
postergar, to postpone
preguntón, full of questions
prendedor, el, brooch
prescindir, to do without
preso, el, prisoner
prestar, to lend
pretina, la, waistband
propina, la, tip
prosternado, bowed low
provecho, el, advantage, benefit
prueba, la, test or proof
pucho, el, fag end
pudorosamente, modestly, discreetly
puericultorio, el, paediatric hospital
puerta falsa, la, side door
puñado, el, handful
puño, el, fist
puta, la, whore

quebrar, to break or to go bankrupt
quemado, burnt
quemar, to burn
querida, la, lover
quitar, to take off
(hacer un) quite, to dodge out of the way

rabia, la, anger
radicarse, to settle, to live
radiola tragamonedas, la, juke box
rama, la, branch
raso, clear
rato, el, while, period of time
raya, la, sting ray or stripe
real, el, currency; fraction of a *sol*

rebajado, reduced, brought down a peg or two
rebalsar, to overflow
rechinar, to grind, to grate
recostado, resting
recuerdo, el, memory
redactar, to write
refregar, to rub
regar, to water
regatear, haggle
regresar, to return, to go back
reírse a carcajadas, to laugh out loud
reja, la, railing
remangar, to roll up
remordimientos, los, remorse
renacuajos, los, tadpoles
(de) reojo, out of the corner of your eye
repartición, la, distribution
repisa, la, shelf, mantelpiece
repleto, packed full
reposado, rested
resaltar, to stand out
resbalar, to slide, to slip
resonar, to echo, to ring out
retrato, el, portrait
retreta, la, military tattoo, open-air concert
retroceder, to move backward
reventar, to burst
rezar, to pray
riel, el, rail
riesgo, el, risk
roce, el, rubbing
rodar, to roll
rodeado, surrounded
rodear, to surround
rodilla, la, knee
rojizo, reddish
rompecabezas, el, jigsaw puzzle
rondar, to hang about

ropero, el, wardrobe
rosquete, el, queer
rostro, el, face
rozar, to brush against
ruborizarse, to blush
rumbo, el, route, direction

sábana, la, sheet
sabroso, tasty
sacar la mierda, to beat up
sacarse la mugre, to have a nasty accident
sacerdote, el, priest
saco, el, jacket
sacudir, to shake
salpicar, to splash
salvo, except
sardinel, el, kerb
sastre, el, tailor
seda, la, silk
seguir, to carry on, to continue
semáforo, el, traffic light
seña, la, signal, sign
señalar, to point out
seno, el, breast
serrano, from the Andean *sierra*
sillón, el, armchair
sobaco, el, armpit
sobar, to rub
sobrado, el, someone who is full of his own importance
sobresalir, to stand out
sollozo, el, sob
sombrío, sombre
somnífero, el, sleeping pill
somnoliento, drowsy
soportar, to bear, to stand
sorbo, el, sip
suceso, el, event
sudor, el, sweat
superficie, la, surface
suspensorio, el, jockstrap

susto, el, fright, shock

tablón, el, beam, board
taco, el, heel
tacón, el, heel
tambalearse, to stagger
tapa, la, lid
tapiz, el, upholstery
teja, la, tile
tejido adiposo, el, adipose tissue
temblor, el, tremble or earth tremor
tembloroso, trembling
(estar) templado, to fancy someone
teñir, to dye
terciopelo, el, velvet
terco, stubborn
terno, el, suit
tiburón, el, shark
tieso, stiff
timbre, el, bell
timón, el, steering wheel or handlebars
tinta, la, ink
tirado, lying down
tirador, el, marksman
tobillo, el, ankle
topar, to bump into
topetón, el, bump
torpemente, clumsily
tragar, to swallow
trago, el, swig or strong drink
traicionar, to betray
traje, el, dress
transcurrir, to pass, to go by
tranvía, el, tram
treparse, to climb, to clamber up
trompearse, to have a fight
tropezar, to bump into
(estar de) turno, to be on duty

ubicación, la, location, position
uñas, las, nails

vaciar, to empty
vacío, el, void
valija, la, suitcase
vasija, la, container
vaso, el, hub-cap
vello, el, fine hair
velocidad, la, gear
vencer, to defeat, to overcome
venda, la, bandage
vendar, to bandage
vendedor ambulante, el, street seller
vengarse, to take revenge
ventosa, la, sucker pad
veraneo, el, summer holiday

veraniego, of the summer
vereda, la, path, pavement
verduras, las, vegetables
vergüenza, la, shame
vestuario, el, changing room
vidriera, la, shop window
vientre, el, stomach
vísperas, las, eve, day before
voltear, to turn round

yema del dedo, la, fingertip

zamaquear, to shake (roughly)
zampar, to bump, to plunge (into)
zapatilla, la, slipper, trainer